자정능력을 상실한 샘은 산속의 모든 동물들이 떠나고
결국 홀로 남게 될 것이다.

자성은 됨의 문제이며, 섬김은 열매의 문제이다.

목회를 새롭게 하는 1/30 운동
손에 흙을 묻히는 목사

2014년 1월 20일 초판 1쇄 인쇄
2022년 6월 15일 초판 2쇄 인쇄
지은이 · 최영섭
펴낸이 · 황성연
펴낸곳 · 글샘 출판사
마케팅 · 강호문, 함승훈
관리부 · 이은성, 이숙희, 한승복
일러스트 · 최근태
표지디자인 · 안휘석, 최희선
편집디자인 · 한윤순
주소 · 서울특별시 중랑구 망우로 192 성신빌딩 B1
등록번호 · 제 8-0856호
총판 · 하늘물류센타 | 전화 · 031-947-7777 | 팩스 · 031-947-9753
ISBN · 978-89-913-5842

▎정가는 뒷표지에 있습니다.
▎잘못되거나 파손된 책은 구입하신 서점에서 교환하여 드립니다.

※ 글샘은 가정사역을 위한 하늘기획의 또 다른 이름입니다.

목회를 새롭게 하는 1/30 운동

손에 흙을 묻히는 목사

최영섭 지음

 글샘

CONTENTS

추천사 8

머리말 15

1부 하나님 사랑의 실천 21

1. 양복을 벗고 시화공단 인력센터를 찾다 23

2. 1/30 운동 전문 28

3. 1/30 운동에 대한 우리 스스로의 이해 30

4. 왕초보 도배 목사들 쪽방 촌 도배를 하다 34

5. 말복날 비닐하우스 노동은 더워도 너무 더워 39

6. 시멘트 200포대를 해치우고 모두가 기진하다 43

7. 호떡을 처음 굽던 날 47

8. 화상을 입다 51

9. 잡초 뽑기 58

10. 수도권 매립지 도로변 풀베기 61

11. 아침 조찬기도회 65

12. 숙성되면 좋겠다 68

13. 네 발에 신을 벗으라 73

2부 이웃 사랑의 실천 83

14. 목회자의길 그 동전의 양면 85
15. 극동방송국 한국장님을 만나다 89
16. 회복의 집 이사짐 나르기 92
17. 어깨 통증 98
18. 8월 노동 101
19. 예초기를 따르다 107
20. 구월야채도매시장 호떡 나눔 111
21. 부평역 호떡 나눔 116
22. 구두를 닦아주다 120
23. 이금선 할머니 124
24. 뜻을 정하자 128
25. 이후의 방향과 기도제목 141

편집 후기 143
회원 후기 146

추천사

할렐루야! 신실하신 하나님의 종, 최영섭 목사님을 일찍이 사명자로 부르시고, 특별히 마을안교회의 담임 목회자로 수고케 하신 하나님의 은혜를 찬양합니다. 또한 예수 그리스도 안에서 친애하는 최영섭 목사님의 서적 출간에 즈음하여 이 부족한 종이 축하의 글을 드릴 수 있게 하신 하나님께 감사드리오며 영광을 돌려 드립니다.

최영섭 목사님께서는 사랑과 존경을 받는 목회자이십니다. 또한 아세아연합신학대학교 아세아학과 동문으로서 누구보다 모교를 아끼고 사랑하시는 분이십니다. 목사님께서는 본교의 교육이념인 신본주의, 복음주의 그리고 설립목적인 아세아 복음화와 세계선교를 앞장서서 삶과 사역에 적용하고 계십니다. 뿐만 아니라 소외되고 어려운 이웃들을 섬기는 데 불철주야로 온 힘과 노력을 기울이셨습니다.

겸손의 왕으로 이 땅에 오신 우리 주 예수 그리스도를 찬양하고 높여드립니다. 우리 예수님께서는 하늘의 모든 영광 보좌를 버리시고, 이 땅에 사람의 몸을 입고 오셨습니다. 그러나 화려한 궁전이 아닌 마구간 말구유에 가장 낮고 겸손한 모습으로 오셨습니다. 어둡고 헐벗은 곳에 먼저 찾아오셔서 죄인들의 친구요 구원주가 되어주셨습니다. 그 놀라운 사랑을 이제는 우리가 실천해야 할 때입니다. 최영섭 목사님의 고군분투하시는 삶과 사역의 현장 속에서 예수님의 놀랍고도 겸허한 사랑이 묻어나고 있음을 고백해봅니다. 이 책은 그러한 사랑의 흔적들이 고스란히 담겨있는 책입니다.

이 책을 통하여 많은 목회자들과 성도들이 예수님을 닮은 참된 목자의 삶이 무엇인지를 돌아보고, 반성하게 될 것입니다. 그리고 잘못된 방향으로 가고 있었다면 담대히 직면하고 돌이키게 될 것이라 믿습니다. 이 귀한 서적이 이 어둡고 척박한 사회 가운데 한 줄기 빛이 되어 하나님께는 영광이요, 땅에서는 평화를 전하는 도구로 아름답게 쓰임 받기를 간절히 기도하며 최영섭 목사님과 가족들 그리고 교회 위에 임마누엘 하나님의 은총이 충만 하시기를 축복합니다. 감사합니다.

"가장 높은 곳에서는 하나님께 영광이요,

땅에서는 하나님께서 기뻐하시는 사람들 중에 평화로다"

(누가복음 2장 14절)

2013년 12월, 아세아연합신학대학교 총장 김 영 욱 목사

섬김 목회의 새로운 패러다임을 보며

제가 마을안 교회 최영섭 목사님을 알게 된 것은 인천 성시화 운동 금요 조찬기도회를 통해서였습니다. 벌써 한 5년 동안 저희 내리교회에서 매주 금요일마다 성시화 운동을 위해 기도해오고 있는데, 그 중심에 최목사님이 계셨습니다. 이렇게 매주 금요일마다 만난다고는 했지만 서로 교단도 다르고 목회하는 일이 바쁘다 보니 서로에 대해서 별로 아는 게 없었습니다. 그저 피상적인 몇 가지 사실만 아는 정도였지 어떤 사역을 어떻게 하고 계시는지 깊이 대화를 나눌 시간이 많지 않았습니다.

그러던 차에 CBS에서 하는 '미션 2013 주여 나를 보내소서'라는 프로그램에 게스트로 몇 번 나갔는데 바로 거기서 최목사님을 다시 뵙게 되었습니다. 1/30 운동의 주인공으로 나오셨던 것이지요. 임동진 목사님과 이현경 집사님이 진행하는 그 프로에 함께 앉아 이런저런 이야기를 나누면서, 부끄럽게도 최목사님에 대해서 비로소 여러 가지를 알게 되었습니다.

한 달에 하루를 고달픈 현장에 내놓아 밑바닥 체험을 한다는 사실을 알게 되었던 것이지요. 우리 사회에서 가장 열악한 곳에서 온갖 잡일을 해서 얻은 귀한 물질을 어려운 이웃을 위하여 선뜻 내놓고 섬긴다는 이야기를 듣고 많이 놀랐고 부끄럽기조차 했습니다. 더욱이 언젠가 큰 화상을 입었다는 소식을 들은 적이 있지만 그 화상조차도 1/30 운동과 연관되었다는 사실을 알고서는 더욱 놀랐습니다.

요즈음 우리 목회자들이 다 그런 것은 아니지만 적당히 편한 것을 추구하는 것이 대세지요. 이런 시대 속에서 힘든 노동을 자청한다는 것은 참 어려운 일입니다. 하지만 이렇게 밑바닥 체험을 함으로써 우리 교인들이 얼마나 힘들게 사는가를 절로 체감한다는 점에서 참 아름다운 일이며 본받을 만한 선행이 아닐 수 없습니다. 하루 8시간씩 자존심을 구겨 가면서 땀 흘려 얻은 물질은 보통 귀하고 성스럽지 않을 것입니다. 그러기에 이런 밑바닥 체험을 직접 해본 목사님들은 교인들이 내는 십일조며 각종 헌금의 경로를 충분히 수긍할 수 있기에 절대로 함부로 쓸 수 없을 것입니다. 일부 대형교회에서 거액의 헌금을 사사롭게 사용하여 도마에 오르는 일이 가끔 있는데, 최영섭 목사님과 같이 서민들의 애환을 몸소 겪어 본 목회자라면 절대로 그렇게 할 수 없을 것입니다.

바로 이런 차원에서 저는 최목사님의 1/30 운동이 오늘의 우리 한국교회에 새로운 섬김 목회의 한 패러다임을 제시한다고 생각합니다. 수도원에서 기도뿐만 아니라 노동도 중심이 되듯이 이제 우리 목회자들도 생활현장에서 치열하게 살아가는 교인들의 삶에 직접 참여해서 교인들의 애환을 이해하는데, 아니 낮고 천한 이 땅으로 우리 곁에 오신 예수님의 인격과 사역을 이해하고 그 분의 사역을 본받아 실천하는데 더할 나위 없이 바람직한 본보기가 될 것 같습니다.

다만 최영섭 목사님을 비롯해서 1/30 운동에 뛰어든 분들처럼 살지 못하는 저와 같은 먹물 목사들의 현실이 부끄러울 뿐입니다. 최목사님의 눈물겨운 체험에서 우러나온 이 감동적인 목회수기가 부디 여러 사람들에게 읽혀져 침체된 한국교회에 신선한 자극이 되기를 진심으로 소원하며 두서없이 몇 자 적습니다.

주후 2013년 12월 25일 성탄절 저녁에 내리교회 김흥규 목사

추천사

제가 만난 최영섭 목사님은 열정의 사람이며, 정직한 사람이고 한국교회의 저변을 뒤 흔들어 놓을 만한 한구석을 환하게 밝히는 방법을 아는 목회자입니다.

이 시대 만큼 한국교회 모두가 위기에 처해 있는 상황은 없다는 사실에 이의를 제기할 사람은 아무도 없으리라 믿습니다.

그러나 이에 대한 올바른 처방을 제시하는 사람도 드뭅니다.

저는 최 목사님께서 시작하신 1/30 운동이 한국교회가 초대교회로 돌아갈 수 있는 방법이요, 잃어버린 신뢰를 되찾을 수 있는 탁월한 방법임을 절실히 깨닫기에 감히 기쁜 마음으로 이 책을 추천합니다.

세상의 어느 목사님이 쪽방 촌을 찾아가 도배를 하고 삼복더위를 뚫고 비닐하우스를 찾아가 노동자들과 함께 울고 웃으며, 직접 구운 호떡을 들고 이웃과 사랑을 나누며 입으로 만이 아닌 삶의 한 부분으로 복음을 전할 수 있겠는지요!

이렇게 가슴으로, 온 몸으로 복음을 꽃 피운 최 목사님의 간증은 한 문장, 한 문장이 예수 그리스도의 흔적을 오늘에 꽃 피워내고 있음을 증명하고 있습니다.

모쪼록 이 책을 통해 한국교회와 목회자, 성도들이 새로운 활력을 찾게 되길 소망하며 기도합니다.

이렇게 아름다운 모습으로 선교의 새로운 역사를 써 가고 있는 최 목사님을 좋은 친구로 두고 있음이 제게는 가장 큰 자산이요 자랑이 아닐 수 없습니다.

감사합니다.

극동방송국재단사무국 한기붕국장

머리말

　인간은 피조물이다. 그런데 피조물인 인간에게는 세상의 어떤 것으로도 채워지지 않는 공간이 있다. 그것은 절대자 하나님으로 채워져야 하는 공간이다. 때문에 누구라도 그 공간이 채워지지 않는다면 세상의 모든 것을 가져도 그 마음은 공허하며 불안하고 두려울 뿐이다. 그래서 전도자는 전도서 6:3 "사람이 비록 백 명의 자녀를 낳고 또 장수하여 사는 날이 많을지라도 그의 영혼은 그러한 행복으로 만족하지 못하고"라고 하였다. 만족하지 못할 뿐 아니다. 실제로는 삶이 공허하고 죽음이 두렵고 심지어 내 자신까지 불안하다.

　채워져야 할 것으로 채워지지 않으면 두려움과 불안과 공허 뿐만이 아니다. 의미 없음이 가득해진다. 공허와 두려움과 불안보다 더 무서운 것은 '의미 없음'이다. '의미 없음'. 그것은 분명히 우리를 더욱 아프게 하는 가장 슬프고도 큰 병이다. 그런데 그 병은 어느 날 갑자기 바람처럼 찾아오기도 한다. 어떤 사람은 나이 50이 넘어서면서 찾아온다. 또 어떤 사람은 아내를 먼저 하나님 나라로 보내고 난 후 찾아온다. 그리고 어떤 사람은 우울한 생각들과 함께 찾아온다. 그것들은 대부분 절대 공간이 채워지지 않았기에 오는 것이다. 때문에 우리에게 있는 그 절대 공간이 채워지지 않으면 이 세상의 누구도 불행한 삶이다. 이렇게 절대공간이 채워지지 않아서 찾아오는 슬프고도 아픈 '의미 없음'은 개인에게도 그리고 단체에도 찾아온다.

그런데 한국 교회가 지금 역사 앞에 그런 위기를 만났다. 우리는 충만하다고 하는데 주변에서는 '의미 없다'고 말한다. 그렇다면 답은 하나다. 우리 스스로 가장 중요하다고 생각하는 그 공간이 하나님으로 채워져야 한다. 그리하면 시편 107:9 "그가 사모하는 영혼에게 만족을 주시며 주린 영혼에게 좋은 것으로 채워주심이로다"라고 하였다. 하나님이 우리에게 좋은 것으로 채워주셔서 이 땅의 모든 사람들이 기독교를 의미 있음으로 인정하게 될 것이라는 말씀이다.

우리를 하나님으로 채우는 비밀이 있다. 하나님을 사모하면서 그 하나님과 함께 살아버리는 것이다. 절대자 하나님은 설명으로 확인되는 분이 아니기 때문이다. 그 하나님은 누구의 간증으로 확인되는 것도 아니다. 내 자신이 그 전능자와 함께 살아갈 때에만 확인된다. 그래서 창조주로 인하여 채워져야 할 공간이 채워지는 그 일은 수학일 수 없고 과학일 수 없다. 또한 군중일 수도 없다. 그 말은 개인적이며 실제적이다. 그런데 하나님은 우리 각각의 개인에게 하나님과 함께 사는 방식을 주셨다. 기도와 찬양이다. 그리고 말씀이다. 그 때의 말씀은 설명되어지는 말씀이 아니요 이해의 말씀도 아니다. 강요의 말씀도 아니다. 수용의 말씀이다. 수용하여 내가 죽고 예수는 다시 사는 것이다. 그 수용은 급진적으로 이루어져야 한다. 그 수용이 일어나면 몸부림친다. 그것이 없으면 수용이 아니다. 흉내이다. 진정한 몸부림은 먼저 하나님 앞에서 이루어진다. 그리고는 자신이 하나님과 함께 생활하고 있음을 사람들 앞에서도 삶으로 드러낸다.

하나님의 아들 예수는 아버지의 말씀을 수용하였다. 그래서 요한에게 세례를 받고 광야로 나가 금식하며 엎드렸다. 엎드리는 것으로 끝이 아니다. 자신이 하나님과 함께 생활하심을 세상에 드러내었다. 그래서 "회개하라 천국이 가까웠느니라" 외쳤다. 그 외침의 내용은 아버지의 말씀이다. 그 말씀을 하시는 예수는 아버지를 수용하였던 것이다. 물론 예수는 하나님을 수용하였기에 하나님이 되셨다는 뜻은 아니다. 표현이 그렇다는 것이다. 아무튼 예수는 아버지와 함께 생활하였다. 그렇기는 바울도 마찬가지이다. 바울의 몸부림도 예수를 닮았다. 그는 예수를 수용하고는 아라비아 광야로 나갔다. 그곳에서 말할 수 없는 몸부림을 쳤다. 그리고 하나님과 함께 살아가는 것을 모든 사람에게 보여주었다.

우리 시대에도 몸부림은 있다. 그것은 사색도 아니고 논쟁도 아니며 소리 지름도 아니다. 섬김이다. 그 섬김을 통하여 우리가 하나님과 함께 살아가는 자들이라는 것을 사람들에게 보여야 한다. 감사하게도 이 시대를 사는 우리가 가진 신학은 가장 성경적이다. 또한 성경만이 우리에게 구원의 길을 분명히 제시한다. 성경은 하나님의 구원 계시이다. 그리고 구원 받은 자들이 어떻게 살아야 할지를 보여주는 말씀의 책이다. 참으로 탁월하다. 거기에는 세상의 어떤 종교도 어떤 사상도 흉내 낼 수 없는 하나님만의 계시가 들어 있다. 하나님은 우리에게 그렇게 탁월한 복을 주셨다. 그렇다면 이제 그 말씀을 수용하는 자로서 삶으로 뒤따라야 하는 문제만 남는다. 예수께서는 그 일을 위해 먼저 본을 보이셨다. 섬김의 삶이다. 심지어 예수께서는 그 일을 위해 이 땅에 오셨다고 까지 하셨다. 마태복음 20:28 "인자가 온 것은 섬김을 받으려 함이 아니라 도리어 섬기려하고 자기 목숨을 많은 사람의 대속 물로 주려 함이니라" 그렇다면 예수가 우리에게 보여준 삶의 본을 따라야 한다. 예수께서는 마태복음 16:24 "이에 예수께서 제자들에게 이르시되 누구든지 나를 따라 오려거든 자기를 부인하고 자기 십자가를 지고 나를 따를 것이니라"라고 하였다. 그렇다. 예수처럼 그리고 그 예수의 말씀을 수용한 후 그 길을 가기 위해 그렇게 몸부림친 바울처럼 베드로처럼 우리도 몸부림이 있어야 한다. 우리 모두 순교자가 되자는 뜻은 아니다. 하나님은 그것을 원하지도 않으실 것이다. 하지만 누구나 할 수 있고 또 그렇게 해야 하는 일이 있다. 자신이 서 있는 곳에서 예수처럼 섬기는 것이다. 우리 회원 가운데에는 큰 교회를 목회하는 분도 있고 작은 교회를 목회하는 분도 있다. 큰 교회는 큰 교회대로 작은 교회는 작은 교회대로 바쁘다. 하지만 예수님처럼 나를 돌아보면서 섬기는 것, 그것을 주님이 보고 싶어 하실 것이라고 생각하여 한 달에 하루씩 노동을 해온지 몇 해가 지났다. 이렇게 이어져 올 수 있도록 하신 하나님께 감사드리며, 우리의 보잘 것 없는 수고를 세상에 알리기 위하여 손해를 감수하면서 책으로 내주신 글샘출판사 황성연이사께 감사한다. 그리고 이 책이 나올 수 있도록 수고해 주신 한윤순 집사와 최희정 집사께 감사한다. 끝으로 '목사들이 설교나 잘하고 목회나 잘하면 되지 노동은 무슨 노동이냐' 고 하는 말들을 이겨내고 지금까지 함께 해 주신 동역자들께 특별히 감사를 드린다.

예수께서 이르시되 네 마음을 다하고 목숨을 다하고

뜻을 다하여 주 너의 하나님을 사랑하라 하셨으니

이것이 크고 첫째 되는 계명이요

둘째도 그와 같으니 네 이웃을 네 자신 같이 사랑하라 하셨으니

이 두 계명이 온 율법과 선지자의 강령이니라

(마태복음 22:37~40)

1 부 하나님 사랑의 실천

온 율법은 네 이웃 사랑하기를

네 자신 같이 하라 하신 한 말씀에서 이루어졌나니

(갈라디아서 5:14)

1. 양복을 벗고 시화공단 인력센터를 찾다

　조그만 2층 상가를 세내어 아내와 개척한 교회이었지만 하나님 은혜로

크게 성장을 하였다. 교회는 개척 3년차 되던 해에 사용하던 공간이 부족

하여 더 넓은 곳으로 옮기지 않으면 안 되게 되었다. 기도 끝에 구월동 대

로변 넓은 상가로 이사를 하였다. 개척 4년 차가 되자 장년부 150명이 넘

는 교회로 성장해 가기 시작하였다. 바쁜 목회 일정 때문에 나를 돌아보는

시간을 내는 것은 점점 어려워졌다. 교회가 성장하면서 교인들이 나를 대

하는 자세도 이전과 달라져갔다. 전에는 설렁탕 한 그릇을 같이 먹어도 한

가족처럼 편하게 생각하던 교인들이었지만 이제는 그런 대접을 하면 목사

님께 죄송하다고 스스로 생각하기까지 하였다. 개척할 당시에는 내가 교우

들에게 밥을 사는 경우가 종종 있었는데 교회가 성장하면서 그런 일은 줄 어들었다. 내가 밥값을 내려고 하면 교인들이 깜짝 놀라 먼저 계산을 한다. 이전에는 주일 점심시간에 식탁을 준비하는 일을 도와주기도 했지만 교회 가 성장하면서 그럴 필요가 점점 없어진다. 으레 가만히 앉아 있으면 식탁 이 준비되었다. 물론 교회 안에서 식사의 질서는 매우 중요한 것이기에 의 도적으로라도 앉아서 식사를 기다려야 하는 경우도 있다. 그런데 그런 목 회 철학과 관계없이 높아지고 대접받는다는 것과 거기에 익숙해진다고 하 는 것은 나 자신에게 심각한 문제이다. 그뿐 아니다. 그런 일들이 잦아지면 서 어느새 내가 다른 대접을 받는 것이 당연한 것으로 여겨지기까지 한다. 그것은 하나님 앞에 죄악이며 교만이다. 주님은 나를 목사로 세우실 때 성 도들의 영혼과 삶을 섬기라고 세우셨다. 그런데도 특별히 교회질서를 위한 것도 아니면서 나는 무엇인가 다르다는 의식을 가지고 사는 것은 타락한 것이다. 이 문제를 어떻게 하면 좋을까 고민이 되었다. 사실 죄악으로 얼룩 지고 진토뿐인 나의 본질을 잊지 않고 감사하면서 목회의 길을 가는 방법 은 간단하다. 그 문제를 가지고 늘 기도하는 것이다. 그리고 그 문제와 연 관하여 말씀을 묵상하는 것이다. 거기에 찬송도 필요하다. 목회자가 그 일 들에 집중하면서 목회를 하는 것은 너무 당연한 것이다. 하지만 그것 뿐일 까 하는 질문이 계속 생긴다. 질문에 대한 답을 얻었다. 삶 속에서 한 부분

만이라도 성도들과 같아지는 것, 또한 기도처럼 말씀처럼 찬송처럼 나를 나 되게 하는 것이다. 그리고 성도들과 진정으로 함께 하는 것이다. 기도하는 가운데 좋은 생각이 떠올랐다. 하루라도 노동자가 되는 것이다. 노동을 한다는 것은 불편한 일이다. 아니 불편을 넘어 고통스럽고 힘든 일이다. 하지만 주님은 "누구든지 나를 따라 오려거든 자기를 부인하고 자기 십자가를 지고 나를 따를 것이니라"라고 말씀하셨다. 해답은 분명하다. 그렇다면 내가 스스로 뜻을 정하고 결심하여 불편의 길로 가야 한다. 뜻을 정하고 불편을 받아들일 때 그 불편 그 고통 그 힘든 것들은 하늘 높은 줄 모르고 뛰

공장노동

어 오르는 나를 붙들어 매는 가느다란 줄이 될 것이다.

그러던 어느 날이다. 남전도회 회장인 양 집사에게 '교인들에게는 알리지 말아 달라'는 당부와 함께 혹시 하루 일할 곳이 있는지 알아봐 달라는 간곡한 부탁을 해두었다. 양 집사가 결단을 하는 데는 며칠이 걸렸다. 며칠후 시화공단에 가면 인력소개소가 있는데 새벽같이 그곳에 가면 일할 수 있을 것이라고 알려주었다. 새벽예배를 부교역자에게 부탁하고 이른 새벽에 시화공단에 있는 인력사무소를 찾았다. 관리하시는 아주머니께서 일하러 왔느냐고 묻더니 주민번호와 주소를 적어놓고 기다리라고 하였다. 잠시후 아저씨 한분이 나오더니 몇 사람의 이름과 함께 내 이름을 부르며 '봉고에 타세요'라고 한다. 대기하고 있던 봉고차를 타고 어느 공장으로 갔다. 그곳이 무엇을 하는 공장이었는지는 기억이 없다. 하지만 그날 하루 최

영섭 목사가 최영섭 아저씨가 되어 공장에서 다른 사람들과 함께 상품포장하는 일을 하였다. 지금도 기억에 남는 것은 그날의 시간이 굉장히 길게 느껴졌다는 것이다. 그리고 공단 내 구내식당에서 다른 분들과 줄을 서 기다렸다가 식사를 했다. 일과를 마쳤다. 하루 임금가운데서 소개비를 제하고 남은 임금을 받았다. 많지 않은 금액이지만 너무나 소중하다. 하나님이 기뻐하시리라는 생각을 하니 감사한 생각이 물밀듯 밀려온다. 어떻게 사용하면 하나님이 또 기뻐하실까? 두말 할 것 없다. 선교헌금으로 드리는 것이다. 그 후 매월 하루씩은 이 일을 하리라고 생각했지만 혼자라는 것이 발목을 잡고 목회 형편이 발목을 잡았다. 그렇게 세월이 흘렀다. 그러는 동안에도 같이 할 수 있는 동료 몇 사람만 있으면 좋겠다는 생각이 늘 남아 있었다. 그러던 어느 날 용기를 내어 평소에 존경하던 몇몇 목사님들에게 한 달에 하루 기도원 가는 마음으로 노동을 하자고 제안하였다. 처음에 일부 몇 분의 목사님들은 주저하였다. 하지만 결국은 의기투합하여 전문을 만들고 1/30 운동이 결성되었다.

2. 1/30 운동 전문

이 시대 한국교회는 심각한 위기에 처하게 되었습니다.

그것은 한국교회 내부적으로 세속화의 물결이 점점 거세어지고 있기 때문입니다.

그 결과 대외적으로는 이단이 창궐하고, 사회적으로는 기독교를 소외시키려는 조짐들이 여기저기에서 일어나기까지 하고 있습니다.

따라서 예수님의 십자가를 지고 주님의 뒤를 따르는 이 시대 목회자들은 교파를 초월하여 각기 담임하고 있는 지 교회뿐 아니라, 한국교회 전체를 동시에 짊어지고 가야할 무거운 현실에 처하게 되었습니다.

이에 오늘 5인의 목사는 비록 작은 몸부림이지만 1/30 운동을 시작하고 자합니다.

1/30 운동이란 1개월에 1일을 이 사회에 내어놓는 운동입니다.

그 1일 동안 우리는 막노동판에서, 시장 바닥에서, 주유소에서, 식당에서 1일 노동자가 될 것이며, 더러는 관공서에서 청소부들의 구두를 닦아주면서 그들의 신발을 끌어안고 그동안 자고 하였던 우리 목회자들의 모습을 회개하며 섬길 것입니다.

때문에 이 운동은 우리 스스로를 낮추며, 우리 성도들이 처한 실제적인 삶의 현장을 경험하며, 이 사회의 가난한 자들을 돌아보는 운동이 될 것입니다.

우리는 예수 안에서 그 뜻을 같이하고 그 열정을 같이하되 기도와 눈물로 같이하여 이 땅에서 하나님의 나라를 조금이나마 바로 실현하는 일에 밑거름이 되기를 소원합니다.

뉴비전교회(의정부) 정성환 목사 / 마을안교회(인천구월동) 최영섭 목사 / 세계로교회(김포) 심상근 목사 / 우리들교회(인천만수동) 박홍길 목사 / 평안교회(인천계양구) 노우숙 목사 - 가나다순

2009년 7월

3. 1/30 운동에 대한 우리 스스로의 이해

어떻게 보면 우리가 노동운동을 하는 목사들처럼 보인다. 아니다. 우리는 노동운동을 하는 목사들은 아니다.

첫째, 나의 나 됨에 대하여 고민하는 것이다.

우리는 지 교회를 담임하고 있는 목사들이다. 때문에 하나님이 우리에게 주신 제1사명은 담임하고 있는 지 교회 목회이다. 내게 맡겨진 양들을 위해 눈물로 기도하고 전도하고 설교해야 한다. 분명히 오늘 나에게 가장 중요한 일은 내게 맡기신 목회를 잘하는 것이다. 하지만 그러한 목회도 하나님이 기뻐하신다는 것이 전제될 때에만 의미가 있다. 때문에 하나님의 기뻐하심은 목회 이전에 선결 되어야 할 과제이다. 나에게서 하나님의 기뻐하심 그것은 무엇인가? 당연히 나의 나 됨에 있다. 목회 이전에 나의 나 됨이 우선이라는 뜻이다. 사실 우리는 이미 예수로 인하여 나의 나됨이 완성되었다. 하지만 그것으로 끝이 아니다. 예수께서 베드로에게 말씀하셨던 발을 씻어야하는 과제는 누구에게라도 매일 남아 있다. 호렙산 가시떨기나무 앞에서 발에 신을 벗은 모세처럼 우리 발에 신을 벗어야 하는 과제는 매일 남아 있는 것이다. 그렇다고 정말로 신발을 벗고 살자는 말은 아니다. 신발이 상징하는 더러움, 욕망, 편리 등을 말하고 싶은 것이다. 물론 성

남동공단

도다움은 스스로 겸비한 기도를 통하여 또는 말씀 앞에 섬으로 그리고 찬양하는 삶에서 나온다. 하지만 우리는 거기에 한 가지를 더하였다. 노동이다. 노동은 신성하다. 그렇기에 비록 한 달에 한번 하는 노동일지라도 그일은 내 인생의 발에서 신을 벗도록 하여 조금이라도 나를 나 되게 해준다.

둘째, 섬김에 대하여 고민하는 것이다.

신을 벗는 것을 굳이 다른 말로 표현하자면 방향의 문제이다. 가장 탁월한 방향 그것은 예수처럼 사는 것이다. 그래서 한 달에 한번 하는 노동, 그 조그만 것이라도 예수처럼 섬기며 살아 보고자 고민한다. 예수는 실제로 섬기셨다. 단지 섬기게 해달라고 기도만 하신 것은 아니다. 직접 대야에 물을 떠다가 제자들의 발을 씻겨 주면서 섬기셨다. 그리고 최종적으로 자신을 대속 물로 내어 놓으면서 섬기셨다. 말로 섬기는 것이 아니었다. 기도만으로 섬기는 것이 아니었다. 실제로 섬기셨다. 때문에 우리도 실제로 섬기는 자로 사는 것이 중요하다. 섬길 때 매우 중요한 것이 있다. 진정한 섬김이란 내가 원하는 일을 하지 않고 상대방이 필요로 하는 것을 하는 것이다. 예수께서는 마태복음 24:45에서 "충성되고 지혜 있는 종이 되어 주인에게 그 집사람들을 맡아 때를 따라 양식을 나눠 줄 자가 누구냐" 하셨다. 충성된 자는 자신이 원하는 것을 자신이 원하는 시간에 나누어 주는 자가 아니다. 집안에서 그가 돌보아야 할 자들의 필요를 따라 그것을 나눠주는 것이다.

오늘 이 시대는 목회자들이 실제로 섬기는 모습을 보고 싶어 한다. 그렇다면 그 섬김이라는 양식을 나누어주는 것이 중요하다. 실제로 섬기는 것 그것은 종들이 갖추어야 할 바른 자세이다. 자세란 중요하다. 자세가 바르지 않으면 방향이 어그러진다. 방향이 어그러지면 모든 것은 '의미 없음'이 된다. 그것이 지금 나를 포함한 한국교회의 아픔이다. 그렇게 되면 지나온 날들도 의미가 없어지고 오늘의 나도 의미 없기는 마찬가지이다. 그리고 앞으로 달려갈 길도 '의미 없음'이 된다. 때문에 나의 나눔에 있어 섬김의 자세는 중요하다. 내 인생의 발에서 매일 신을 벗어 하나님을 섬기고 나의 양들을 섬기고 이 시대를 섬기다 가야 하는 것이 목사이기 때문이다. 끝으로 우리의 발에 신을 벗고 이웃과 주변을 섬기고 내 양떼들이 처한 삶의 현장에 참여하는 방법으로 반드시 노동만을 고집하지는 않는다. 그 외에도 많은 길과 방법은 있기 때문이다.

4. 왕 초보 도배 목사들
영등포 쪽방 촌 도배를 하다

첫 번째 노동하는 날이다. 김포에서 계산동에서 고양시에서 인천에서 몇몇의 목사들이 영등포 쪽방 촌에 모였다. 영등포역 근처에 있기 때문에 차를 가지고 오지 않고 전철을 이용한 목사들도 몇 분 계셨다. 광야교회에 먼저 들렀다. 광야교회 개척 때부터 매월 첫째 주 목요일 집회를 인도한지도 한 23년은 넘은 것 같다. 친구인 임명희 목사와 차 한 잔을 나누고 오늘 우리가 도배를 해 주어야 할 집으로 안내를 받았다. 길고 좁은 골목을 지나 공동화장실 앞을 지난다. 이윽고 얇고 낡은 합판으로 된 문들을 여럿 지나 한 방문 앞에 도착하였다. 광야교회 정집사가 '계세요'라며 문을 연다. 한

평이나 되는지 두 평이나 되는지는 몰라도 한 사람이 돌아눕기가 용이해 보이지 않는 좁은 방에는 40대 중반은 되어 보이는 남자가 누워있던 이불을 한쪽으로 밀치면서 일어난다. 집안의 살림이래야 TV와 밥통과 밥그릇 몇 개가 전부이다. 거기에 이불 몇 개를 싼 보자기와 옷가지를 담아놓은 라면박스 몇 개가 있다. 그리고 빈 술병 몇 개가 흐트러져 있다. 사전에 우리가 와서 도배를 해주기로 광야교회와 약속이 되어 있어서인지 나머지 짐들은 대충 보따리에 챙겨져 있다. 도배를 하기 위해서는 그 짐들을 꺼내야 한다. 그런데 딱히 어디에 꺼내 놓을 곳이 없다. 하는 수 없이 문들이 촘촘히 붙어 있는 통로로 꺼낸다. 몇 개 안되는 것 같던 짐이지만 꺼내다 보니 제법 통로가 복잡하다. 간혹 지나는 옆방 사람들의 얼굴이 굳어진다. 정집사가 있는 동안에는 별 말없이 이리저리 몸을 돌려가면서 지나가던 사람들도 정집사가 없으면 노골적으로 이 좁은데 짐을 꺼내놓으면 어떻게 하느냐고 투덜거린다. 하지만 이내 각자의 방으로 들어가 버리고 만다. 드디어 도배가 시작되었다. 도배지를 자를만한 칼과 풀은 광야교회에서 조달했다. 정성환 목사님이 도배는 천정부터 해야 한다고 알려준다. 한 사람은 자르고 또 한사람은 풀칠을 하고 두 사람은 그것을 천정에 붙인다. 그런데 이쪽을 붙이면 저쪽이 떨어지고 저 쪽을 붙이면 이쪽이 늘어진다. 하는 수 없이 더 늘어지지 않도록 머리로 받쳐 이고는 두 손을 뻗어 재빨리 천정에 문질러 붙인다. 마지못해 도배지가 천정에 붙긴 붙었는데 여기저기 우글거린다. 그러면 가장 키가 큰 심상근 목사가 발을 곧추 세우고는 한 번 더 수건으로 문질러 고정을 시킨다. 그런데 아무리 잘해보려고 해도 늘어지고 처지기를 반복한다. 그런데도 천정 도배가 끝나갈 때 쯤 보니 마법이 일어난다. 그런 대로 괜찮게 되었다. 하지만 어떤 것은 그 끝이 길게 내려오고 어떤 것은 좀 짧게 내려오는 것은 피할 수가 없다. 한참 도배를 하고 있는데 정집사가 교회에 다녀오기 위해 잠깐 나갔다. 그 사이에 방주인은 우리에게 광야교회 임명희 목사 그 개새끼! 라며 입에 담지 못할 욕설을 퍼 붓는다. 당황한 노우숙 목사가 '아니 오늘 도배도 하도록 해주었는데 왜 욕을 하느냐'고 웃음으로 분위기를 바꾸려고 한다. 그러자 그는 20년도 지난 과거의 이야기를 꺼낸다. '내가 광야교회 초창기 멤버였는데 그때 돈 좀 빌려달라고 몇 번이나 이야기해도 돈 도 안 빌려준 새끼'라고 또 한 번 욕을 퍼 붓는다. 하는 수 없다. 그냥 내버려 두는 수 밖에 ……. 이제 옆면에 도배를 해야 할 차례이다. 도배는 키 큰 사람이 최고이다. 하지만 작은 사람도 유용하다. 키가 큰 사람은 높은 곳을 작은 사람은 낮은 곳을 잡고 한조가 되어 도배를 한다. 서툰 도배이기에 종이를 몇 번씩 뗐다 붙였다를 한다. 한참 도배를 하는데 옆방 사람이 "목사님 우리 방에 잠깐 와보세요"라고 하여 심방 아닌 심방을 갔다. 그 방은 두 부부가 살고 있다. 어제 두 사람이 마신 술기운이 아직도 남아 있는 듯하다. 남편은 자기들 방도 도배를 좀 해주면 좋겠다고 한다. 하지만 그럴 형편이 못된다. 하는 수 없이 내 주머니 속을 뒤적이니 만 원짜리 한 장이 들어 있다. 이걸로 술 먹지 말고 콩나물국이라도 끓여 먹으라고 건넸다. 마음이 통했다고 생각했는지 남편이 자기 자랑을 한다. 어릴 때 공부도 잘 했고 집안도 잘 살았고 …… 하는 이야기들이다. 남편의 이런 저런 이야기를 듣고 있는데 아내는 어제 마신 술기운에서 아직도 깨어나지 못한 듯 여전히 이불을 덮은 채 한쪽으로 돌아 누워있다. 머리에는 말라붙은 라면 몇 가닥이 붙어있다.

드디어 첫날의 노동, 도배를 마쳤다. 목사들 모두 하나같이 입고 있던 옷 여기저기가 하얗게 풀칠이 되어 있다. 이미 밖은 어둑어둑 하다. 몇 몇 목사들은 차를 가지고 오지 않고 전철을 타고 왔다. 갈 때도 그 옷을 입은 채 전철을 타고 집으로 가야 한다. 집으로 오는 길에 열왕기상 16:2 "내가 너를 티끌에서 들어 내 백성 이스라엘 위에 주권자가 되게 하였거늘 ……" 라는 말씀이 떠오른다.

결심을 한다. 앞으로는 노동을 하면 진정한 노동자가 되어 아침에 출근 후 하루를 일하고 임금을 받아 저녁에 퇴근하는 노동을 해야 겠다. 헨리 반 다이크는 '가지고 있는 어떤 재주든 사용하라. 노래를 잘 하는 새들만 지저귀면 숲은 너무 적막할 것이다' 라고 하였다. 우리는 목회 외에 딱히 할 수 있는 것이 없다. 그래도 몸은 건강하니 한 달에 하루는 노동자가 될 것이다. 목사인 나도 발을 하늘에 두고 사는 자가 아니라 땅 위에 두고 사는 자임을 잊지 않겠다. 또한 목사이기 전에 노동의 가치를 알고 이 땅에서 육체로 일하는 분들의 수고를 알아야 할 자가 나라는 것을 잊지 말고 살아야겠다. 같아짐, 그것은 우리 발에서 신발을 벗는 것이다.

5. 말복날 비닐하우스
노동은 더워도 너무 더워

노동을 하기로 날짜는 정해졌는데 우리를 받아주는 일터가 없다. 여기

저기를 알아보아도 어느 곳 하나 선뜻 허락하는 데가 없다. 원인이 있다.

만일 사장이 교인이라면 목사들에게 돈을 주고 일을 시키기가 곤란할 것이

다. 그리고 교인이 아니면 목사들이 과연 일을 얼마나 할까 하는 의구심 때

문이다. 자칫, 그 날 해야 할 일의 일정을 맞추지도 못하고 낭패를 당할 것

이라고 생각하기 때문이다. 백방으로 알아본 박홍길 목사가 일할 곳을 찾

아내었다. 한 여름 말복 날이다. 작업장은 경기도 시흥시 어느 비닐하우스

였다. 도착하니 벌써부터 오늘 하루를 어떻게 넘길까 하는 생각에 걱정이

다. 며칠 전 쏟아진 비 때문에 비닐하우스와 비닐하우스를 연결하는 통로가 질퍽거린다. 인간의 마음이 이렇게 간사하다. '하나님이 기뻐하는 것이라면 무엇이든지 하겠습니다.' 하는 마음이었지만 막상 한 여름에 비닐하우스 속에서 일해야 하는 현장에 오고 보니 슬그머니 딴생각이 드는 것은 어쩔 수 없는 야곱의 모습이다. 하지만 어렵게 일자리를 찾지 않았던가! 잠시 기다렸더니 사장이 오셨다. 알고 보니 박홍길 목사의 교회 집사였다. 일자리가 없자 목사가 자신의 교회 교우에게 아주 부탁을 한 모양이다. 우리가 오늘 할 일은 비닐하우스 속에서 오이 끈을 달아주는 일이다. 가느다란 나일론 줄을 한 묶음씩 들고는 이리가고 저리가고 바닥에 고정을 시키고 오이 포기마다 가로로 세로로 줄을 하나씩 대주어야 한다. 앉았다 일어섰다 하는 일을 반복한다. 높은 곳에 손을 쭉 뻗어 줄을 맨다. 그래도 짧으면 발을 곤추세운다. 말복 날 비닐하우스는 그야말로 찜통이다. 그 열기가 땅에서 오는지 위에서 오는지 종잡을 수가 없다. 숨이 막히고 현기증이 난다. 이러다 쓰러지겠다는 생각이 든다. 그런데 모든 동료들이 힘들다는 말은 하면서도 어떤 목사도 못하겠다는 분은 없다. 오전 일을 마쳤다. 점심시간이다. 사장 집사께서 오시더니 목사들을 위해 삼계탕을 예약해 두었다고 한다. 동료들은 '일하러 온 일꾼이 이런 특별대우를 받으면 안 된다'고 말은 했지만 잘도 먹는다. 오후 작업은 고추 따는 일이다. 비닐하우스 속에서 고추 따는 일도 쉽지는 않다. 허리를 굽혀 고추 포기를 들여다보고 붉어진 것들을 따내는데 이번에는 허리가 부러지는 것 같다. 그 큰 몸을 가지고 하는 수 없이 쪼그리고 앉아서 고추를 따면 그것도 못할 일이다. 고추밭 여기 저기에서 아이고 소리가 난다. 목에 걸고 온 수건은 금세 젖어 땀을 짜낼 정도이다. 이런 일을 매일하고 사는 분들도 있다. 그러니 열심히 일하겠다고 온 목사들의 체면이 말이 아니다. 잠시 쉬는 시간이 되었다. 할머니 한 분이 한쪽으로 가시더니 허리춤에서 천으로 된 쌈지를 꺼낸다. 노인들이 허리춤에서 쌈지 꺼내는 것을 오랜만에 보았다. 천 원짜리 몇 개가 들어 있을 뿐이다. 그 가운데 두 개를 꺼내어 동료에게 전한다. 근래에 일하고 받은 돈 가운데 일부일 것이다. 요즘 아이들에게 용돈을 줄때에도 어떤 아이들은 천 원짜리는 받지도 않으려 한다는 말을 들었다. 하지만 또 어떤 사람에게는 천 원짜리 몇 장이 그리도 소중하다. 부요한 사람에게는 천 원짜리 몇 장이야 아무것도 아니지만 가난한 자들에게는 그것도 귀한 것이다. 그래서 예수께서는 누가복음 15:8에서 "어떤 여자가 열 드라크마가 있는데 하나를 잃으면 등불을 켜고 집을 쓸며 찾아내기까지 부지런히 찾지 아니하겠느냐"라고 하셨다. 그런 까닭에 여름날 그 할머니 한분은 뜨거운 비닐하우스에서 일하고 모은 천 원짜리도 보물처럼 허리춤에 싸맸던 것이다. 노동의 대가란 그렇게 귀한 것이다. 정신이 번쩍 든다. 교회 목사로서 성도들의 헌금에 대하여 새롭게 배운다. 성도가 누구인가? 예수께서 피 흘려 구속하신 자들이다. 그들이 치열한 삶의 현장에서 온갖 고생을 다하고 벌어서 하나님께 드린 것이다. 그렇다면 성도들의 헌금은 돈이 아니라 그들의 피와 땀이다. 성도들의 피와 땀이라면 그것은 예수의 피와 땀이다. 때문에 교회재정은 크건 적건 예수의 피처럼 쓰여야 하고 예수의 땀처럼 쓰여야 한다. 지금껏 재정을 돈이라고 생각하고 집행하고 별 생각 없이 사용하지 않았는지 나를 돌아본다. 하늘이 부끄럽다. 성도들의 헌금이 예수님의 피와 땀이라면 가장 잘 쓰이는 것은 그것을 가지고 섬기고 나누어 주는 것이어야 할 것이다.

이사야 55:1 오호라 너희 모든 목마른 자들아 물로 나아오라 돈 없는 자도 오라 너희는 와서 사먹되 돈 없이, 값없이 와서 포도주와 젖을 사라

6. 시멘트 200포대를 해치우고
모두가 기진하다

인천시청 뒤 목욕탕으로 사용되던 장소를 새로운 용도로 꾸미기 위한 일을 하였다. 이번에도 박홍길 목사가 잘 아는 지인에게 부탁하여 겨우 일을 잡았다. 아침 일찍 작업복을 갖추어 입고 현장으로 나갔다. 작업용 삽이며 곡괭이며 리어카 그리고 수북이 쌓여있는 시멘트 포대 더미들과 모래더미가 오늘 해야 할 일을 짐작케 한다. 바닥이 빨간 비닐로 코팅이 된 장갑을 나누어 끼고는 노동을 시작하였다. 먼저 콘크리트바닥 깨내는 일을 하였다. 해머망치로 콘크리트 바닥을 치고 곡괭이로 파내는 일을 계속하였다. 한 번씩 해머망치로 콘크리트바닥을 칠 때 마다 팔 뒤꿈치가 찌릿 거린다. 하얀 시멘트 먼지가 일어나 공간에 가득하다. 먼지를 막아보려고 마스크도 하고 이리저리 피해도 보았다. 하지만 이내 소용없는 일임을 알게 되어 포기하고 만다. 시간이 지나면서 점점 힘들고 지쳐 가는데 나중에는 먼지가 대수가 아니라 힘들고 지쳐가는 것이 더 우선의 문제가 되었다. 먼지를 마시거나 옷을 더럽히거나 그런 것은 신경 쓸 겨를이 없다. 지금 당장 내 앞에 주어진 일을 하기에도 힘에 겹다. 그 정도 되자 옷에 먼지를 털어 내고 마스크를 매만지는 것조차 사치로 느껴진다. 이윽고 점심 때가 되었다. 오전 일을 마치고 밝은 곳으로 나오니 가관이다. 콧대 양쪽에 까만 줄때 두 줄이 선명하다. 머리부터 발끝까지 허연 시멘트 먼지를 뒤집어썼기 때문이다. 아무리 수건으로 잘 털어 내도 여전히 시멘트 가루 범벅이다. 원래 일을 잘 하는 사람일 수록 일한 흔적이 나지 않도록 관리를 한다. 하지만 일을 많이 해보지 않은 사람일수록 온 몸에 흔적을 남기는 법이다. 우리가 언제 그런 일을 해 보았겠는가? 설령 해 보았던 사람들도 그런 일을 하지 않은지 아주 오래일 것이다. 그러니 그 몰골이 참 우습게 되었다. 인천 시청 뒤 조그만 식당에서 식사를 하게 되었다. 식당에 앉아 식사를 기다리는 동안 이 사람 저 사람 힐끗거리며 우리 쪽을 쳐다본다. 기분이 좋지는 않다. 이 땅에서 힘들고 어려운 일을 하면서 살아가는 자들의 심정이 이런 것이구나 하는 생각이 든다. 너무 지쳐 밥도 안 들어간다. 그럴 때 가장 편하게 먹을 수 있는 것은 물이다. 물이 제일이다. 입안을 대충 헹구고 시원한 물을 몇 컵씩 연거푸 마신다. 그렇게 식사를 마치고 현장으로 돌아와 누구라고 할 것도 없이 빈 시멘트 포대를 깔고 눕는다. 모두 말이 없다. 한 시간 그 귀한 점심시간이 획 지났다. 그 한 시간 만으로도 힘이 새롭게 난다. 오후에는 바닥에 콘크리트를 새롭게 덧입히는 작업을 시작하였다. 두 사람이 모래를 리어카로 싣고 와서 부으면 한 사람이 그 위에 시멘트포대를 들어다가 놓고 뜯어 쏟아 내고는 호수로 물을 댄다. 그러면 또 두 사람이 양쪽에 서서 삽으로 잘 섞는다. 그렇게 반죽이 된 시멘트콘크리트를 구석에서부터 차례로 바닥이 수평이 되도록 삽으로 떠서 던져 넣는다. 그리고는 삽으로 슥슥 문질러 두었다. 허연 시멘트먼지가 포대를 뜯어 부을 때마다 확확 퍼져나간다. 그렇게 200포대가 넘는 양을 해치웠다. 오전보다 먼지가 심하지만 이제는 지쳐서 머리에 묻든 옷에 묻든 어찌 해볼 수가 없다. 심지어 마스크를 고쳐 쓰는 것도 귀찮다. 그런데 참 이상하게도 시간은 잘 간다. 오후 새참 시간이 되었다. 평소 체력 좋기로 유명한 심상근 목사는

잠시 그 사이에도 누워 허리를 펴보려고 조그만 종이 한 장을 가지고 한쪽으로 가더니 깔고 몸을 눕힌다. 그렇게 일하고 받은 오늘 일당은 5만원씩이다. 참 여러 가지 생각을 하게 하는 돈이다. 이런 일을 매일 하고 사는 성도들의 까맣게 그을린 얼굴들이 떠오른다. 그리고 그 땡볕이 쏟아지던 갈보리 언덕을 오르던 주님의 얼굴은 로마 군인에게 얻어맞아 부어오른 채 그 위로 겹친다. 그 날 일을 한 후 대부분의 목사들이 몸살로 드러누웠다. 온 몸의 근육이 뻐근하고 열이 나고 오한 때문에 한 5일씩 큰 고생을 하였다. 노우숙 목사는 기관지 쪽에 심각한 문제가 생겨 여러 달을 고생하였다. 내 평생에 잊지 못할 그런 날이 될 것이다. 역대상 29:18에 보면 "이스라엘의 하나님 여호와여 주께서 이것을 주의 백성의 심중에 영원히 두어 생각하게 하시고 그 마음을 준비하여 주께로 돌아오게 하옵소서"라고 하였다. 솔로몬 때에 힘써 성전건축을 한 그것이 영적 추억이 되며 그 일 때문에 후에 그의 백성들이 주께로 돌아올 수 있는 힘이 되게 해 달라는 것이다. 오늘의 일들 또한 세월이 지난 후 영적인 추억이 될 것이다. 그러한 영적 추억은 내 생을 살아가면서 만나게 될 신앙의 굴곡을 이겨내는 귀한 자산이 될 것이다.

7. 호떡을 처음 굽던 날

1/30운동에서 처음으로 하는 호떡 봉사이다. 마땅한 장소를 물색해 보지만 그리 쉬운 일이 아니다. 어렵고 힘든 사람들이 많은 곳은 포장마차를 놓을 자리가 없고 포장마차를 놓을 장소이면 도와야할 사람들이 없기 때문이다. 그뿐 아니다. 자칫하면 도로법 위반으로 법을 어기게 된다. 여기저기를 물색하다가 동암역 남쪽광장 인근으로 정하였다. 건물 앞에 막상 포장마차 수레를 펼치려고 하니 그 건물과 연관된 분들이 난색을 표한다. 몇 번이나 시도하다가 하는 수 없이 24시편의점이 있는 건물로 갔다. 건물 관리를 하는 분에게 사정을 하였더니 떨떠름한 분위기다. 여러 차례 부탁을 하여 편의점 사장에게 허락을 받는다는 조건으로 승낙을 받았다. 편의점 사

장에게 사정을 이야기하고 그날 우리 때문에 줄어들 매출을 보상해 주는 의미에서 10만원을 건네기로 하였다. 좋은 일 하겠다니 사장님도 어쩔 수 없이 허락하는 눈치이다. 어묵을 국물과 함께 준비한다. 삶은 계란은 불판 위에 올려놓아 따뜻함을 더했다. 수레 오른 편으로 호떡 반죽통을 놓고 기름도 작은 그릇에 따랐다. 모든 준비는 다 되었다. 드디어 "어려운 이웃과 함께 하고 싶습니다."라는 현수막을 길가 한편으로 세우고 포장마차 앞쪽에도 현수막을 달았다. 그리고 호떡을 구워내기 시작한다. 호떡 굽기를 시작하는데 무언가 어색하다. 자꾸만 타고 잘 익지 않는 것들이 나온다. 시간이 흐르면서 회원뿐 아니라 사모들까지 나와서 이 일 저 일을 돕는다. 포장마차 앞에 금세 길게 줄이 늘어선다. 그런데 상당수는 노숙인들이다. 오는 분들마다 무료 호떡이 신기한 듯하다. 대체적으로 그분들이 먼저 많은 이야기들을 꺼낸다. 자신은 지금껏 살면서 무료 호떡은 처음 먹어본다는 분도 있다. 우리들이 무엇을 하는 사람들이냐고 묻는 분들도 있다. 우리가 목사인 것을 어떻게 알아낸 어떤 분은 왜 호떡은 주면서 교회에 나오라고 전도는 하지 않느냐고 묻는다. 그리고 어떤 분은 자신의 인생에 대하여 이야기 하는 분도 있다.

폴 틸리히는 '사랑의 첫 번째 의무는 상대방에 귀 기울이는 것이다.' 라고 하였다. 그렇게 이야기를 들어주는 것만으로도 그분들은 새 힘이 나는 듯 해 보인다. 그렇게 몇 시간이 지났다. 젊은 아주머니 한분이 오셨다. 인근에서 호떡장사를 하시는 분이다. 호떡이 안 팔려서 와 봤다는 것이다. 너무 죄송하다. 오늘 손해 본 것에 대하여 조금이라도 금전적인 보상을 하겠다고 약속을 하였다. 목사님들 중에는 호떡을 구워 낼 분이 없다. 그래도 젊었을 때 아르바이트로 호떡을 구워본 적이 있는 내가 제일 잘하는 것 같다. 그 재주 때문에 하루 종일 움직이지도 못하고 꼿꼿하게 서서 호떡을 구

동암역에서 호떡 나눔 봉사

웠다. 구워도 구워도 늘어선 줄을 감당할 수 없다. 그야말로 다리 한번 못 구부리고 온 종일 서서 호떡을 구워냈다. 해가 지고 어둠이 깔리면서야 일과를 끝냈다. 다리가 구부러지지 않아 걸음이 걸어지지 않는다. 날씨가 몹시 추워진다. 오늘 다녀가신 분들이 감기라도 들면 어쩌나 하는 염려가 생긴다. 1년 동안 1/30 운동에서 벌어 모았던 돈에서 얼마를 들고 제일 먼저 건물 관리하는 분에게로 갔다. 너무 고마운데 저녁식사라도 하시라고 몇 만원을 건넸다. 하지만 "어떻게 이렇게 수고하시는 목사들에게 저녁을 대접받겠느냐"며 사양하신다. 하는 수없이 발길을 돌려 편의점 사장을 찾아갔다.

그런데 그 사장도 아침과는 다른 말씀을 하신다. "이렇게 좋은 일을 하시는 목사들에게 어떻게 그 돈을 받겠느냐"며 사양하신다. 하지만 우리의 조그만 선행이 다른 사람에게 누가 되어서는 안 된다는 생각에 몇 번이고 권하였지만 결국 거절하셨다. 하루 종일 서서 일하여 몹시 피곤하였지만 속에서 말할 수 없는 묘한 힘이 솟는다. 또 다시 발길을 돌려 오늘 우리 때문에 장사를 제대로 하지 못한 그 젊은 호떡 아주머니를 찾아갔다. 10만원을 건넸더니 극구 사양하셨다. 그러면 5만원이라도 받아 달라고 하여 겨우겨우 떠맡기듯이 하고 발길을 돌렸다. 그렇다. 섬김은 전염되는 것이었다.

8. 화상을 입다

날씨는 춥지만 햇살이 따뜻한 날이다. 아침에 호떡 나눔을 위해 나가면서 지난해 겨울 호떡 나눔 때 입었던 나일론 점퍼를 찾았으나 없었다. 하는 수 없이 지난해 교회에서 선교사님들을 돕기 위해 일일 바자회를 할 때 사두었던 등산용 점퍼를 입고 길을 나섰다. 이번에도 부평역 앞에서 호떡 수레를 펼쳤다. 오늘도 여전히 사랑의쌀나눔운동본부가 옆에 넓은 자리를 폈다. 호떡수레 옆으로 모여든 목사들이 둥그렇게 서서 기도를 한다. "하나님 오늘도 우리의 이 작은 섬김이 누군가에게 따뜻함이 되게 하여 주옵소서. 그리고 또 누군가에게는 예수의 손이 보이게 하여 주옵소서 ……예수님의 이름으로 기도합니다. 아멘." 이날은 사모님들까지 돕겠다고 나왔다.

아까부터 길게 늘어선 줄은 줄어들 줄을 모른다. 잠언 3:27~28에 "네 손이 선을 베풀 힘이 있거든 마땅히 받을 자에게 베풀기를 아끼지 말며 네게 있거든 이웃에게 이르기를 갔다가 다시 오라 내일 주겠노라 하지 말며 ……"라고 하였다. 최고의 기술은 아니지만 열심히 호떡을 구워낸다. 따뜻한 어묵 국물을 종이컵에 담아 '힘들지만 용기 잃지 말고 힘 있게 살자' 는 말과 함께 호떡을 하나씩 건넨다. 받아든 분들의 얼굴에 미소가 번진다. 그 작은 것만으로도 어려운 분들과 함께 할 수 있다는 것이 그저 감사할 뿐이다. 그분들 가운데 한 사람에게라도 삶의 용기를 줄 수 있다면 더욱 감사한 일이다. 그날 그렇게 일과가 끝났다. 섬김을 마치고 목사들이 모여 기도하고 뒷정리를 하였다. 다른 때 보다 좀 더 일찍 일이 마쳐진 것 같다. 수레를 반납하고 일부 목사들은 집으로 돌아갔다. 이기운 목사와 박홍길 목사의 집은 나와 같은 방향이다. 봉고차에 남은 짐들과 쓰고 버린 종이컵 쓰레기 박스 두 개를 실었다. 분리수거해 버려도 되는 일이지만 소각을 하기로 하였다. 그럴만한 이유가 있었다. 교회와 내가 살던 주택은 구월보금자리 아파트단지로 수용을 당했다. 토지 대금은 대부분 교회종교부지로 대토를 하였다. 금전으로 받아야 할 일부 보상금은 이사와 청소까지 마치면 주겠다고 하여 조금 남겨진 상태이다. 교회 뒤뜰로 갔다. 뒤뜰은 500평으로 널찍하다. 드문드문 보이던 가옥에 마을 사람들도 대부분 이사를 하였고 해질

녘 동네는 어릴 때 추수를 마친 들판 같다. 우리 집 역시 모든 짐들은 옮겼고 수도도 전기도 끊겼다. 알루미늄새시 창틀은 누군가 빼가버렸다. 이삿짐은 우리가 다 가져갔고 남은 것들 가운데 돈이 될 만한 것들은 심지어 페트병류까지 고물 아저씨가 다 주워갔다. 남은 것은 집안에 종이류 쓰레기 조금이다. 집과 연관된 이야기는 이쯤 해두는 것이 좋을 듯하다.

  뒷마당에 쓰레기를 모아놓고 소각을 하였다. 네 사람이 둘러서서 이런저런 이야기를 나누는데 갑자기 펑하는 소리와 함께 내가 불속에 들어와 있는것 처럼 느껴졌다. 어묵을 덥히기 위해 쓰려고 부탄가스 한통을 가지고 와서는 조금 사용하다가 말고 종이박스 안에 담아 두었는데 그 위에 쓰고 난 종이컵들을 담았던 모양이다. 휴대용 부탄가스통이 터지면서 아내와 나 두 사람이 서 있는 쪽으로 불길이 날아왔다. 내가 불속에 들어와 있다는 것이 느껴졌다. 그 순간이었다. 아내의 머리카락에도 불이 붙은 모양이다. 아내가 악 소리를 지르고 두 손으로 얼굴을 감싸더니 머리카락을 털어낸다. 순간적으로 아내에게 뛰어갔다. 머리에 붙은 불을 꺼주었다. 아내는 물을 찾아 수도가 있는 교회 화장실로 뛰어간다. 하지만 수도는 이미 끊겼다. 아내를 뒤쫓아 가는데 박홍길 목사님이 뛰어 오더니 "목사님 가만히 계세요 사모님보다 목사님이 훨씬 심합니다."라고 한다. 그래도 나는 아내 걱정 뿐이다. 아내를 확인해보니 얼굴에 화상을 입었다. 아이쿠 싶다. 박홍길 목사가 나를 붙잡는다. 그때에 고통이 확 밀려온다. 전체 얼굴에서 반이 화상을 입었다. 어디를 둘러보아도 화기를 뺄 물은 없다. 하는 수 없이 봉고차를 타고는 길병원 응급실로 향했다. 차 안에서 신음하는 나에게 이기운 목사가 "목사님 점퍼는 벗으시지요 불에 탔어요"라고 한다. 소매며 가슴부위에 불이 붙었던 것이다. 그런데 지난해 호떡 나눔 때 입었던 나일론 점퍼가 아니다. 화재에 훨씬 잘 견디는 고급 등산복 점퍼다. 순간 감사가 밀려온다. 아파서 눈물이 나는 것인지 감사해서 눈물이 나는 것인지 모르겠다. 그린벨트로 되어있던 마을을 빠져 나가는 곳에 세무서가 있다. 이기운 목사가 여기서라도 화상 입은 상처를 물로 식히고 가자고 한다. 아내는 여자 화장실로 나는 남자 화장실로 뛰어 들어가 수돗물을 틀어 연신 얼굴에 대보지만 별 의미가 없는 것 같다. 하는 수 없이 화장실에서 나오는데 길가다가 화상 입은 우리를 쳐다보던 아주머니들이 놀란다. 병원으로 가는 도중에 김영옥 집사에게서 전화가 걸려왔다. 아내가 사건 이야기를 한다. 그래도 김 집사는 우리교회에서 화상에 대해서 가장 잘 아는 사람이며 또한 언제 알아도 알 것이기 때문이었으리라. 김 집사의 남편 백집사는 2년 전 대형 화재를 당한 사람이다. 부천 베스티안 병원에서 죽을 고생을 하고 수차례 수술을 통해 겨우 생명을 건진 분이다. 지금은 많이 회복되어 예전 하던 일을 하지만 그 부인인 김 집사에게 화상은 말할 수 없는 고통이다. 그런

분에게 목사와 사모가 화상을 입었다는 것은 악몽이다. 하지만 그 급한 상황에서 달리 도움을 청할 곳이 없다. 길병원 응급실에 누워 있는데 김 집사가 뛰어왔다. 누워있는 우리 부부를 보더니 눈물을 펑펑 쏟는다. 나는 미안한 마음이 저 속에서 뜨겁게 올라온다. 김 집사! 미안해! 미안해! 미안해서 나도 목이 멘다. 미안해서 하염없이 눈물이 흐른다. 집사님의 권유로 엠블런스를 불러 부천베스티안 화상 전문병원으로 옮겨갔다. 차에 누워 있는 동안 김 집사가 식염수를 계속 부어댄다. 그러면 조금씩 통증이 줄어든다. 병원에 도착하였다. 온 몸이 젖어 벌벌 떨린다. 응급실로 의사선생님이 오더니 "얼굴부위는 신경이 제일 많기 때문에 다른 부위보다 더 많이 아픕니다."라고 하고는 화상 입은 부위에 진통제 조치도 없이 거즈로 빨간 속살을 박박 문질러 버린다. 이를 악물고 십자가 예수님을 생각한다. 신음은 계속된다. 이번에는 고통에 벌벌 떨린다. 화상은 치료 할 때가 가장 고통스럽다. 특히 약품을 발라 치료를 할 때는 꼭 죽을 것만 같다. 치료를 하는데 너무 고통스러워 내가 숨을 쉬지 못한다. 숨을 쉬지 못하는 것이 아니라 숨이 안 쉬어 진다. 그러자 치료하던 간호사가 내 이름을 크게 부르더니 "숨 쉬세요. 숨 쉬세요."라고 외친다. 그렇게 의식을 잃은 모양이다. 정신을 가다듬고 다시 깊은 호흡을 한다. 나의 화상에 대하여 의사는 피부 이식을 할지 모르니 마음의 준비를 하라고 하였다. 치료를 계속하였다. 어느 날 의사가 피부이식은 하지 않아도 되겠다고 한다. 하지만 얼굴에 흉터는 100% 남을 것이라고 한다.

아내와 나는 같은 병실에 입원을 하였다. 딸 넷이 들이 닥쳤다. 늦둥이 초등학교 3학년 짜리 까지 함께 왔다. 오면서 울지 말자고 약속을 한 모양이다. 하지만 막내가 소리 없는 눈물을 뚝뚝 떨어뜨린다. 이틀 후 아이들이 다시 찾아왔다. 그런데 손에 무언가 싸가지고 왔다. 엄마 아빠를 위해 딸들이 준비한 도시락이다. 아직 어린 나이에 처음 해보는 솜씨로 요리책을 뒤적거리며 각자 한 가지씩 준비하였단다. 사실 맛은 없다. 또한 음식을 먹는 것이 고역이다. 눈 코 입을 제외한 머리 전체를 붕대로 감쌌다. 얼굴 반 가량이 입은 화상의 상처에서 흘러내리는 진물이 목덜미로 흐르고 얼굴로 흐르고 입으로 흐르며 음식으로 자꾸만 떨어지기 때문이다. 그런데도 아이들이! 내 사랑하는 아이들이 해온 음식이라 하나도 남기지 않고 모두 먹었다. 식사를 마친 후 다시 한 번 집에 계시는 할머니에게는 이 사실을 알리지 말라고 당부한다. 나의 어머니는 93세이시다. 아이들이 '아빠 엄마는 기도원에 가셨다' 고 둘러댔다고 하였다. 그러던 어느 날이다. 박홍길 목사와 이기운 목사가 문병차 방문했다. 박 목사가 "목사님! 목사님은 노동하고 그 돈으로 호떡 구워 가난한 자들과 나누려다 화상을 입었습니다. 예수님의 십자가 흔적을 가졌습니다."며 울먹인다. 가당치 않은 말이다. 부끄럽고 황

당하여 말이 안 나온다. 이런 걸 가지고 십자가 운운하는 것은 말 같지 않은 말이다. 아마 그날 현장에서 많이 놀랐기 때문이리라.

며칠이 지났다. 세계성시화운동본부 총재 전용태 장로와 최 권사, 조애경 권사, 이승희 권사 등 민들레 중보기도팀이 문병을 왔다. 권사들은 얼굴 전체를 감싸고 있는 붕대마져 흥건히 젖은 진물을 보더니 흐느끼며 눈물을 흘린다. 뜨겁게 나를 위해 기도해 주셨다. 그 외에도 많은 분들이 찾아 기도해 주셨다. 특히 친구인 광야교회 임명희 목사도 문병을 왔다. 신학대학교 선후배사이이면서 오랜 친구이다.

나는 광야교회 개척 때부터 지금까지 매월 한 달에 한 번씩 목요 말씀을 전하고 있다. 임명희 목사는 그 상황에서도 농담을 하며 용기를 주었다. 참 좋은 친구이다.

수 많은 중보자들의 기도 때문인가? 놀랍다. 흉터하나 없이 깨끗이 나았다. 전문의도 완치는 어려우며 흉터는 어쩔 수 없다고 말하지 않는가. 담당 의사도 놀라운 일이라고 한다. 그 말에 아내가 "기도하는 사람들이 많아서 그렇다"고 하였다 깨끗하게 치료해 주신 하나님께 영광을 돌린다.

9. 잡초 뽑기

맑고 좋은 날이다. 지급받은 호미와 비닐 봉투를 들고는 현장으로 향한다. 공원 꽃밭에 잡초를 제거하는 일이다. 이른 봄 국화가 쑥인지 쑥이 국화인지 도대체 구별이 잘 되지 않는다. 쪼그리고 앉거나 구부려 손으로 뽑거나 호미로 긁어야 한다. 한 30분이 지났다. 풀을 뽑는 것이 힘든 것이 아니라 구부리고 있기가 고통이다. 얼마 전 아내와 내가 얼굴에 입은 화상 때문에 머리를 숙일 때마다 머리의 모든 피가 얼굴 한쪽으로 쏠린다. 금방이라도 한쪽이 터질 것 같다. 그리고 화상을 입은 후부터 한쪽 귀 속에서는 기차 달리는 소리가 난다. 하는 수 없이 자꾸만 고개를 든다. 고개를 든 김에 허리도 편다. 차라리 삽으로 곡괭이로 땅 파는 일이 쉬울 듯하다. 그래도 여럿이 일해서 좋다. 서로 의지해 힘이 된다. 일하면서 나누는 대화는 시간을 잊게 한다. 화단 한 개가 끝나면 또 다른 화단으로 옮긴다. 그런데 모두 참 열심이다. 처음에는 목사들이 일하러 왔다고 했더니 반신반의 하던 매립지공원 담당 팀장이 아주 만족스러워 한다. 그리고 대부분의 목사들도 오늘의 일이 다른 날의 노동보다는 힘이 덜 들어 좋았다고 한다. 그런

잡초제거 작업

데 나는 더 힘들다. 정말이지 하늘이 노랗다. 그렇게 한참이 지나 휴식시간이다. 아무데나 드러누웠다. 땅에서 찬 기운이 올라온다. 그래도 할 수 없다. 그렇게 땅 위에 몸을 누이는 것이 행복하다. 드디어 점심시간이다. 식사를 위해 매립지 인근의 한 식당을 찾았다. 그 식당은 주변의 공장지대에서 일하는 분들을 위해 특별히 점심을 준비하는 식당인 듯하다. 인근에서 일하던 많은 분들이 모여든다. 그 가운데는 자신의 나라를 떠나 우리나라에 돈 벌러 온 외국인 노동자들이 꽤 많아 보인다. 모두 한 줄로 늘어서서 식판을 하나씩 들고는 원하는 만큼의 밥과 반찬을 담는다. 한 끼에 4천 원하는 식사인데 식단이 풍성하다. 우리도 그들과 줄을 섰다. 나도 원하는 만큼의 식사를 담아 자리를 잡았다. 그런데 밥이 먹히지 않는다. 먹지 않아도 배고픈 것을 모르겠다. 그래도 몇 숟가락을 뜨고는 일어섰다. 스텐 물 컵으로 시원한 냉수를 대 여섯 잔 마셨다. 화상을 입은 후 오늘같은 잡초 제거하는 일이 내게는 너무 힘에 겹다. 잠언 14:4 "소가 없으면 구유는 깨끗하려니와 소의 힘으로 얻는 것이 많으니라" 노동을 하지 않으면 오늘 하루도 깨끗이 지날 것이다. 하지만 노동을 통한 오늘의 불편은 내 발에 신을 벗는 값진 일을 나에게 허락한다.

10. 수도권 매립지 도로변 풀베기

여름이 한참이다. 고무로 덧입혀진 실장갑을 나누어 끼고는 현장으로 향한다. 관리사무실에 도착하니 낫이 하나씩 주어진다. 평생 처음 낫을 잡아 보는 분들도 있다. 매우 신기해 한다. 그리고 모든 사람에게 마스크가 주어진다. 오늘 일을 짐작하게 한다. 작업은 도로변 철망 안쪽 녹지의 풀베기이다. 그곳은 도로의 먼지가 공원으로 들어오지 못하도록 중간 역할을 하는 곳이다. 봄부터 여름까지 자란 풀들이 잡목들과 함께 수북하다. 현장에 도착하니 우리보다 먼저 온 분들이 있다. 그들은 공원에 잡초제거이며, 쓰레기 줍기며, 넓은 공터에 나일론 줄을 바닥에 쳐서 대형 주차장을 만드는 일들이며, 나무를 심고 가지를 자르는 등의 일들을 매일 하는 분들이었다. 그들은 이 지역 주민들이다. 그리고 우리는 그들로도 부족한 일손을 돕기 위해 한 달에 한 번씩 가는 아르바이트 일군이다. 그들 10여명과 1/30 운동 목사들 10여명이 한조를 이루었다. 그렇게 20여명이 길게 한 줄로 서서 풀을 베는 작업을 한다. 어떤 사람들은 한 움큼씩을 잡고 슥슥 베어 나간다. 그런데 어떤 사람들은 풀을 베는 것이 아니라 낫으로 뜯어낸다. 당연히 실적이 나지 않는다. 그런 사람들의 자리는 낫질을 잘하는 사람들의 몫이다. 철망 옆 도로에는 쓰레기를 싣고 매립지를 오가는 큰 트럭들이며 강화도와 인천 사이를 오가는 차량들이 윙윙 거리며 제법 속도를 낸다. 도로는 포장되었지만 전체가 포장된 것이 아니다. 차량이 지날 때마다 먼지가 일고 그 먼지들은 고스란히 도로변 녹지로 날아든다. 풀을 움켜잡으면 먼지가 하얗게 일어난다. 한참을 일하다보니 머리에도 뿌연 먼지가 하얗게 내려 앉았다. 마스크는 하였지만 콧대 양쪽으로 먼지 때가 낀다. 두 눈은 뻑뻑하고 답답하다. 하지만 허리가 아프고 팔 근육이 먹먹해지고 하는 것에 비하면 그것은 그리 큰일이 아니다. 당장 급한 것은 허리를 한 번 더 펴고 쉬는 것이다. 중간 휴식이 그렇게 기다려지는 까닭이다. 오늘도 점심은 인근에 위치한 식당에서 먹었다. 언제나 그렇듯이 대부분이 주변공장에서 일하는 분들이다. 모두가 줄을 길게 늘어서서 자기의 차례가 오기를 기다려야 한다. 잠언 22:2 "가난한 자와 부한 자가 함께 살거니와 그 모두를 지으신 이는 여호와시니라"라는 말씀이 떠오른다. 목사이건 심지어 외국인 노동자이건 하나님 앞에서 모두가 동등한 것이다. 아니 하나님이 나를 목사로 부르실 때 그들을 섬기라고 부르셨다. 그렇게 줄을 서면서 새삼 깨닫는다. '맞아 이것이 원래 우리의 모습이지' 하는 생각이 든다. 지금껏 우리 목사들은 늘 차려주는 식사에 익숙한 사람들이었다. 줄 서는데 익숙하지

풀베기 작업

않게 살아온 자들이었다. 하지만 모두 함께 동등하게 자기 순서를 기다린다. 외국인 노동자들의 옆자리에 앉았다. 그런데 그들이 한국음식을 아주 잘 먹는다. 그날 메뉴중에 돼지고기 볶음이 특별히 맛있다. 싱싱한 상추에 볶은 돼지고기를 얹어서 싸먹는 맛이 보통이 아니다. 오후가 되면서 바람이 거세다. 바람이 부는 것은 피부가 알기 전에 눈이 먼저 알아차린다. 저 만큼에서 먼지가 하얗게 일어나 온 녹지를 덮고 우리 쪽으로 몰려오기 때문이다. 신기한 것은 그런 먼지 속에서도 사람들은 대화를 한다. 노동할 때에 하는 대화는 피로를 잊게 한다. 대부분 자질구레한 이야기들이다. 우리와 함께 풀을 베는 이들은 우리들가 어디서 온 사람들인지 궁금해 한다. 사람은 사람에 대한 궁금증이 가장 크기 때문이다. 하는 수 없이 우리는 목사라고 털어 놓는다. 그러자 자신도 교회에 다닌다는 어떤 분이 묻는다. "목사님들이 설교나 잘하면 되지 왜 여기 와서 이런 일을 하십니까?" 그 말에 하늘을 한번 쳐다 본다. 그리고는 '기도원 가는 마음으로 왔다.'고 대답한다. 이내 마음에 눈물이 고인다.

11. 아침 조찬 기도회

'한 달에 한 번씩 회원들의 교회를 돌면서 모여 기도하자.' 결의를 하였다. 하지만 한 달에 하루 노동하랴 기도하랴 이틀씩 시간을 내어 모이는 것이 쉽지는 않다. 각자 자신의 목회만으로도 시간의 여유는 없기 때문이다. 하지만 우리에게는 이 땅에서 예수의 이름이 이전과 같이 존귀해지도록 하는 기도가 필요하다. 섬김도 아름답지만 기도가 필요하다. 섬김도 하나님의 은혜가 있을 때 섬김이 되기 때문이다. 또한 그때의 기도는 우리 발에 신을 벗도록 하는 것이며 우리의 마음이 흐트러지지 않도록 하기 때문이다. 잠언 4:23에서 "모든 지킬 만한 것 중에 더욱 네 마음을 지키라 생명의 근원이 이에서 남이니라"라고 말씀하였다. 기도 없는 섬김만 있다면 좋은 될 수 있고 노예는 될 수 있어도 사명자는 될 수 없다. 그래서 몇몇이지만 함께 모여 기도를 한다. "아버지 오늘 고개 숙인 저의 죄악을 먼저 돌아봅니다. 입술로는 주님을 사랑한다고 하면서도 자꾸만 세상을 기웃거리고 세속을 탐하고 ……. 주여 여기 있는 나의 죄악을 용서하여 주옵소서. 그리고 이 민족을 불쌍히 여겨 주옵소서. 주님이 일찍이 이 땅을 사랑하시고 이 땅에 위대한 믿음의 선조들을 주셨나이다. 이 땅은 그들의 수고와 눈물과 땀 위에 복을 받고 지금까지 이렇게 번성하게 되었나이다. 이 땅의 사람들은 그들의 정신과 섬김에 감동을 받고 영향을 받아 지금의 이 위대함을 이루었나이다. 하지만 이제는 세상이 교회를 걱정하는 시대가 되었나이다. 잠언 6:27에서 "사람이 불을 품에 품고서야 어찌 그의 옷이 타지 않겠으며 ……"라고 하신 주님 먼저 여기 있는 나의 죄악을 용서하여 주옵소서. 그리고 이 땅에서 목회하는 목회 동료들의 혹시 모를 죄악도 용서하여 주옵소서. 고린도교회처럼 아직도 영적 유아기를 벗어나지 못하는 소수의 교회들과 교인들을 용서하여 주옵소서." 눈물이 흐른다. 두 손으로 눈물을 훔쳐 닦아 내고는 또 다시 기도한다.

"주님 예수께서 피 흘리시고 우리 믿음의 선조들이 피 땀 흘려 세워 오늘에 이르게 한 이 한국교회가 우리 대에서 의미 없음으로 결정되는 일이 없도록 우리를 도우시고 우리를 일으켜 주옵소서. 다시 힘을 내어 주님을 따르게 하여 주옵소서. 주님을 따르려거든 십자가를 지고 주님을 따르라 하신 주여 우리는 주님이 불쌍히 여겨 주심만이 유일한 희망입니다 ……"

　대부분의 목사님들이 그렇듯이 나도 내가 담임하고 있는 교회를 위해서 기도할 때는 그렇게 눈물이 흐르지 않지만 나라와 민족과 이 땅의 교회들과 이 땅에서 예수의 이름이 곤두박질하는 것을 생각하면 가슴이 메이고 길을 가다가도 눈물이 난다. 누군가 그 예수의 이름을 함부로 말할 때이면 가슴에서 불이 올라온다. 고개를 들고 하늘을 향할 수가 없다.

12. 숙성되면 좋겠다

연말이다. 회원들이 모여 1년을 돌아보며 저녁식사를 하게 되었다. 메뉴는 닭 볶음이다. 맛있는 것은 어찌 그리 잘 아는지 식사가 준비된 집안으로 들어서자 맛있는 것은 코가 먼저 알아챈다. 참 신기하다. 맛있는 것은 코만 아는 것은 아니다. 적당히 짠 맛과 붉은색 고춧가루와 녹색의 야채들과 흰색의 감자가 통으로 들어간 닭볶음은 눈으로 보아도 맛있다. 온갖 양념이 된 닭고기가 바글바글 끓는 소리는 귀로 들으면 더욱 맛있다. 닭볶음은 그렇게 끓이는 시간이 길어지면 신비한 일이 일어난다. 끓으면서 고기와 야채가 한 요리로 서로 맛을 주고 받는 것이다. 고기에는 야채 맛이 밴다. 야채에는 고기 맛이 밴다. 그 맛이 제대로다. 그래서인지 음식을 좀 한다는 사람은 닭볶음 요리를 할 때는 뜨거운 불에 푹 끓여 낸다. 야채가 익어가고 고기가 충분히 물러 양념맛이 고기에 배일 때까지 그렇게 끓여 댄다. 그런데 그렇게 맛있는 닭볶음이지만 사람들이 눈길조차 주지 않으려고 하는 경우가 있다. 충분히 익혀내지 않았을 경우이다. 충분히 익혀내기만 한다면 혹시 양념이 조금 부족해도 괜찮다. 부족한 것을 조금 더 넣으면 그만이기 때문이다. 매운맛이 덜하면 매운 고추 송송 썰어 넣으면 그만이다. 짠 맛이 부족하면 적당량의 소금을 넣으면 그만이다. 하지만 불 위에 슬쩍 지나가게 한 닭볶음은 사람들의 비위만 상하게 한다. 때문에 음식을 만드는 사람이 너무 조급하면 최고의 좋은 재료를 가지고 요리를 한다며 홍보를 한다 해도 그 식당을 찾는 사람은 없을 것이다. 모처럼 가족들과 함께 하기로 한 저녁 식사를 그런 곳에서 망치고 싶지 않기 때문이다. '조급함', 그것은 모든 것을 망치게 한다. 이러한 원리는 닭볶음만은 아니다. 교회도 마찬가지이다. 오늘날 일부 교회에서 아쉬운 부분이 이것이다. 숙성됨의 문제이다. 예수께서 피를 흘리시고 우리를 주의 자녀로 부르셔서 구원하셨다. 어떤 누구도 해주지 못한 문제를 예수께서 단번에 십자가 위에서 해결하신 것이다. 구원의 문제를 굳이 요리로 치자면 세상에 그만한 재료가 없다. 재료는 최상급이다. 아니 이 땅의 재료가 아니라 하늘의 재료이다. 그 하늘의 재료가 이 땅의 재료와 섞인다. 말로 형용할 수 없는 하나 됨이다. 그런데 딱 한

가지가 반드시 따라야 한다. 예수께서 죽어서 하늘의 재료가 되어졌다면 이 땅의 재료도 죽어져야 한다. 그것을 숙성이라고 표현해 보았다. 이 땅의 재료는 나 자신이다. 그렇다면 이제 그 하늘의 재료를 받아가진 자들은 그 재료를 가지고 나를 숙성시켜야 한다. 그리하면 하늘요리가 세상을 향해 준비되는 것이다. 때문에 누군가 세상에서 타락하고 크게 죄를 짓던 사람이 주님께 돌아오면 하나님 편에서는 바울 같은 재료가 식당으로 들어오는 것이다. 하지만 아무리 좋은 재료라고 할지라도 숙성이 필요하다. 닭볶음도 한 시간은 끓여야 한다.

그리고 타락하고 죄 많은 인간이 하나님의 작품이 되기 위해서는 5년씩 10년씩 숙성이 필요하다. 그래서 큰 죄를 짓던 사람이 예수를 믿고 한 10여 년 동안 어느 교회에서 또는 깊은 산이나 기도원에 들어가 참회하고 세상에 나오면서 눈 하나쯤 다른 사람을 위해 빼주고 내가 이렇게 죄인이었는데 하나님이 나를 구원해주셔서 그 은혜로 이렇게 수 많은 세월동안 금식하고 참회하여 이전의 습관들을 버렸고 그것으로도 부족하여 내 두 눈중 하나는 빼서 눈이 필요한 사람에게 눈을 주고 여러분 앞에 이렇게 서게 되었다고 한다면 세상 사람들은 그가 믿는 하나님을 얼마나 진실한 하나님으로 보겠는가?

또한 그 사람을 진실한 하나님의 사람으로 보지 않겠는가? 그 맡은 눈으로도 알고 코로도 알고 귀로도 아는 하늘의 맛이 될 것이다.

그런데도 그 좋은 하늘 재료를 가지고 너무 성급하여 익혀지지도 숙성되지도 않았는데 불 위를 한번 슬쩍 지나게 한 후 세상에 간증이라고 내놓고 세미나라고 내놓아 마치 토막 친 생닭을 요리라고 내어 놓는 격이 된다면 누구라도 그 음식을 좋아할 이유도 없고 먹으려하지도 않을 것이다. 그래서 워런 버핏은 '인간은 쉬운 일을 어렵게 만드는 엉뚱한 특성이 있는 듯하다.'고 하였다. 숙성되지 않은 것을 조급하게 내어놓으려는 보여주기식 성과주의는 쉬운 일을 어렵게 만드는 엉뚱함이다. 그렇게 되면 큰맘 먹고 온 가족과 함께 평생에 한번 저녁 만찬을 하려고 하는 자들 가운데 누구라도 그 음식 좋아할 이유도 없고 찾을 이유도 없을 것이다.

그리고 그 식당 가봐야 비위만 상한다는 소문은 온 동네로 퍼져 나갈 것이다. 그렇기 때문에 마크 트웨인은 '진실이 신발을 신고 있는 동안 거짓은 세상을 반 바퀴 돌 수 있다'고 하였다. 복음의 진리는 신발을 신고 있는 동안 복음의 요리를 내어 놓아야 할 식당의 희한한 소문은 세상을 반 바퀴씩이나 돌아 버린다는 것이다. 때문에 요리는 재료도 중요하지만 그 재료를 가지고 어떻게 진국으로 끓이고 숙성시켜 낼 것인가 하는 것도 중요하다. 복음도 중요하고 복음을 가진 자들의 삶도 중요하다는 말이다. 그렇게 나를 숙성시키고 나를 끓여 내는 일은 헛되지 않을 것이다. 바울은 고린도전서 15:58에서 "그러므로 내 사랑하는 형제들아 견실하며 흔들리지 말고 항상 주의 일에 더욱 힘쓰는 자들이 되라 이는 너희 수고가 주 안에서 헛되지 않은 줄 앎이니라"라고 하였다. 분명한 것이 있다. 하나님은 우리가 예수님을 영접하면 바로 천국으로 데리고 가지 않으신다. 하나님의 백성이 되었지만 수십 년씩 이 땅에 살면서 우리 자신을 끓이고 숙성시키도록 하셨다.

13. 네 발에 신을 벗으라

출애굽기 3:1-5

"모세가 그의 장인 미디안 제사장 이드로의 양 떼를 치더니 그 떼를 광야 서쪽으로 인도하여 하나님의 산 호렙에 이르매 여호와의 사자가 떨기나무 가운데로부터 나오는 불꽃 안에서 그에게 나타나시니라 그가 보니 떨기나무에 불이 붙었으나 그 떨기나무가 사라지지 아니하는지라

이에 모세가 이르되 내가 돌이켜 가서 이 큰 광경을 보리라 떨기나무가 어찌하여 타지 아니하는고 하니 그 때에 여호와께서 그가 보려고 돌이켜 오는 것을 보신지라 하나님이 떨기나무 가운데서 그를 불러 이르시되 모세야 모세야 하시매 그가 이르되 내가 여기 있나이다

하나님이 이르시되 이리로 가까이 오지 말라 네가 선 곳은 거룩한 땅이니 네 발에서 신을 벗으라"

모세가 지도자가 되기 전 어느 날 하나님을 만났다. 그 날도 어제처럼 양무리를 몰고 이곳저곳을 다니다가 호렙산에 이르렀다. 그런데 그곳에서 그는 기이한 일을 보았다. 분명히 나무에 불이 붙었는데 나무는 그대로였다. 지금껏 그런 모습은 본적이 없었다. 아니 그것은 누구도 이 땅에서는 볼 수 없는 일이기도 하였다. 순간 두려움이 몰려온다. 하지만 그냥 물러설 수는 없다. 앞으로 한걸음을 내딛는다. 그리고 또 한걸음 또 한걸음을 떼어 놓는다. 한때는 히브리인들의 기대를 한 몸에 받았으나 이제 노인이 되어 모든 기대도 사라지고 만 노인이요 패배자인 모세. 의식주를 위해 양이나 끌고 어제는 저 들판으로 오늘은 이 산으로 떠돌아다니는 노인이 천지를 지으신 하나님의 임재에로 다가서는 순간이다. 그 순간 음성이 들린다. 전능하신 하나님의 음성임을 직감한다. 손가락 하나 꼼짝 할 수 없다. 두려움에 몸이 굳는다. 겨우 움직여지는 것은 입술이다. 자신도 모르게 신음하듯이 한 소리가 새어나간다. "주여 뉘시옵나이까?" 모세는 존재에 대하여 묻는다. "도대체 당신은 누구이십니까?" 그의 궁금증에 대해 하나님은 기꺼이 답을 주신다. "나는 스스로 있는 자이다."

오늘도 그런 모습은 인류에게 동일하다. 누구를 만나면 제일먼저 그 사람에 대해 궁금하다. 우리는 태생적으로 존재에 대해 궁금해 하기 때문이다. 그래서 통성명을 하면서 어디 사는 누구인지 몇 살인지 고향은 어디인지에 대하여 궁금해 한다. 존재에 대한 궁금증 그것은 모세 뿐만은 아니다. 야곱도 마찬가지이다.

창세기 32장에 고향으로 돌아오는 야곱이 소개된다. 강만 건너면 고향이다. 그런데도 그렇게 오랜만에 돌아오는 고향을 눈 앞에 두고 야곱은 선뜻 강을 건너지 못한다. 자신에 대하여 복수의 칼을 갈고 있을 형에 대한 두려움 때문이다. 하나님의 도움이 절실하다. 그러던 그 날밤. 하나님께서는 그 얍복강변에서 야곱을 만나주셨다. 씨름이 시작된다. 야곱이 밤새도록 씨름을 하여도 하나님을 이길 수가 없다. 하나님도 야곱을 단번에 쓰러뜨리고 승리의 휘파람을 불면서 돌아갈 마음이 없다. 씨름은 대화로 이어

진다. 그때 야곱은 자신에게 찾아오신 하나님을 향하여 "당신은 누구입니까?"라는 질문을 던진다. 하지만 그에 대하여 대답이 없다. 오히려 하나님이 야곱에게 "네 이름이 무엇이냐"라고 묻는다. 하나님이 야곱에게 묻는 물음은 이름을 바꿔주기 위한 사전 포석이다. 하지만 야곱이 하나님의 이름을 묻는 것은 존재에 대한 질문이다. 인간에게서 상대편 존재에 대한 궁금증은 벗어날 수 없는 태초의 기질이다. 그런 기질은 하나님을 대할 때에도 동일하다. 그래서 수많은 사상가들이 그렇게도 초월자에 대하여 고심하였다. 그것은 "당신은 누구 입니까?"하는 질문이다. 하지만 모세를 대할 때 하나님은 존재에 대한 질문을 하지 않는다. 하나님은 모세를 이미 파악하셨다. 사실은 모세가 이 산으로 오기 전부터 파악된 상태다. 아니 그보다 훨씬 전부터 이미 하나님은 그를 파악하였다. 그가 사람을 쳐 죽이고 로 광야로 도망하여 비참해 하던 그때에도 하나님은 그를 이미 파악하셨다. 핏덩어리일 때 그가 갈대로 된 작은 배에 담겨져서 애굽의 강가에 띄워졌을 때에도 이미 하나님은 그를 파악하셨다. 아니 그보다 훨씬 먼저인 그가 이 세상에 나기 전부터 하나님은 그를 계획하셨고 그를 아셨다. 그래서 하나님은 모세의 존재에 대하여 "너는 누구냐?"라고 질문하지 않는다. 사실 하나님은 모세가 모세이기 때문에 찾아왔던 것이다. 그래서 네가 누구이냐는 질문은 필요하지 않았다. 오직 그를 향해 제일 먼저 하신 말씀은 "네 발에 신을 벗으라"하는 말이다. 모세가 신을 벗었기 때문에 하나님이 찾아오신 것이 아니다. 그는 모세이다. 하나님은 모세가 모세이기 때문에 찾아오셨다. 하지만 그가 진정한 모세라면 발에 신을 벗어야 한다. "네 발에 신을 벗으라"는 주님의 요구에 대하여 이제 모세가 답해야 할 차례이다. 그는 조용히 자신의 발에 신겨진 신을 내려 다본다. 그 신은 그동안 살아온 삶의 방식이다. 때문에 신을 신고 있는 것이 벗고 있는 것보다 익숙하다. 그런데 하나님이 그것을 주목하셨다. 그뿐 아니다. 그 속에는 자신의 지난 날들이 고스란히 들어 있다. 하지만 그 전능하신 분 앞에 서서 보니 그것들이 다 더러움으로 다가온다. 그 신은 가야할 곳 가지 말아야 할 곳을 구별하지 않았다. 흙도 묻고 욕망도 묻고 미움도 묻어 있다. 아니 좀 더 솔직히 말해서 지금 자기 앞에 서 있는 그 전능하신 분과 상관없이 살아온 삶의 흔적이다. 그래서 더욱 초라하고 누추하다. 드디어 그는 허리를 굽혀 발에 신을 벗는다. 모세가 발의 신을 벗는 것은 심오한 내용이다. 거기에는 여러 가지 중요한 의미와 가치가 들어 있다.

그러나 아주 분명한 것 중 하나는 맨발이라는 것이다. 연한 발바닥이 거친 자연에 닿는다. 발바닥이 불편하다. 그 불편은 그동안 피하고 싶은 것들이었다. 그래서 발에 신을 신었었다. 하지만 그 날 그에게는 불편함이 하나님 앞에 서는 조건이다. 모세가 불편할 그때에 하나님이 에덴에서 그의 조상들을 창조하신 모습이 살짝 드러난다. 그렇다면 그날의 불편은 불편이 아니다. 거룩한 만남을 준비하는 과정이다. 본래의 자기 모습을 보게 하는 과정이다. 그렇다면 신발의 상징인 편리함은 모세를 하나님 앞에 서지 못하게 하는 것이었다.

오늘도 하나님은 우리를 파악하셨다. 우리는 그의 아들 예수의 피로 구원하신 자들이다. 그래서 하나님은 우리를 존재적으로 아신다. 그 말은 우리가 하나님 앞에 설 때에 스스로 내 자신에 대한 설명이나 설득이 필요하지 않다는 것이다. 두말 할 것 없이 우리는 하나님의 자녀인 성도들이다. 그래서 우리에게 "네가 누구냐"라고 하지 않으신다. 단지 하시는 말씀이 있다. "네 발에 신을 벗으라"는 말씀을 하신다. 신을 벗는 그 일에는 불편이 따른다. 불편 그것은 우리가 피하고 싶은 것이다. 그래서 어떤 사람들은 신발을 겹겹이 챙겨 신는다. 욕망이다. 대부분의 사람들은 불편 그것을 피하고 싶은 욕구가 있다. 사실 그것 때문에 세상은 발전한다. 심지어 세상에서 돈을 벌수 있는 제 일 원칙이 불편을 없애 주는 것이다. 불편을 없애 준다면 사람들은 기꺼이 그에 해당하는 값을 치를 준비가 되어 있기 때문이다. 그런데 요즘에는 심지어 하나님 앞에 서는 것도 편리를 생각한다. 하지만 모세가 하나님 앞에서 신을 벗을 때 그는 모든 불편을 감수하였다.

그렇게 발에서 신을 벗은 사람이 또 있다. 여호수아이다. 여호수아가 민족의 지도자가 된 후 이스라엘은 가나안에 도착하였다. 이제부터는 싸움의 연속이었다. 첫 번째 싸움은 여리고이다. 여리고는 철옹성이다. 그렇지 않아도 그들은 스스로에게 자신이 없었다. 그래서 가나안 토착민들과 자신들을 비교하면서 자신들은 메뚜기 같다고 하였다. 그러면서 천신만고 끝에 가나안까지는 왔다. 그 철옹성 여리고 싸움에서 패한다면 이스라엘은 다시는 회복이 불가능할 수도 있다. 스스로 무너져 버릴 것이기 때문이다. 그뿐 아니다. 주변의 가나안 족속들이 히브리인들을 우습게 여길 것이다. 그렇게 되는 것은 적들에게는 사기를 올려주는 계기가 될 것이다. 반면 자신들은 위축될 것이 분명하다. 그때 하나님은 어린아이에게 밥을 떠먹여 주듯이 또 한 번 일어나 그들을 위해 일하셨다. 여리고성이 무너지도록 한 것이다. 그런데도 여리고 승리 후 이스라엘은 자만하였다. 여지없이 어린아이 같은 모습이다. 그 자만이 화를 불렀다. 손쉬운 전쟁이 될 것 같은 아이성 전투에서 이스라엘이 패했다. 이제 말할 수 없는 절망이다. 어떤 사람 하나 입을 떼는 자가 없다. 오직 흐느껴 우는 울음뿐이다. 지도자 여호수아에게 절대적으로 위기의 때이다. 그렇다고 뒤로 물러설 곳도 없다. 또한 그 곳에서 오래 머물 수도 없다. 그 때였다. 그들 조상들의 하나님은 이스라엘을 잊지 않았다. 그 절망의 순간에 홀로 있는 여호수아를 찾아왔다. 그런데 적군 진지가 가까운 곳이다. 여호수아가 적군일지 모른다는 생각에 경계한다. 그런데 상대가 자신을 먼저 확인시킨다. 여호와의 군대장관 었다. 거기서 그 하나님의 사자는 여호수아의 발에 신을 벗도록 명령한다. 기가 막힌다. 하나님의 군대장관이라면 적군의 진지가 가까운 곳에서 여호수아의 발에 더 두터운 신을 신겨야 할 판이다. 그것도 여러 켤레면 더욱 좋다. 하지만 그와는 반대이다. 이해되지 않는 부분이다. 하는 수 없다. 여호수아는 앞에 있는 자가 하나님의 군대장관인 것이 사실이라면 그의 명령을 따르는 것이 자신의 군사적 지식이나 무기나 용맹을 의지하는 것보다 나을 것이라는 확신이 있다. 하지만 그가 신을 벗으면 맨발일 것이다. 장수에게 신발은 보호 장비이다. 그것이 있어야 장수다움이 나온다. 그것이 있어야 자갈밭도 쉽게 간다. 그래서 아주 멋지고 튼튼한 것을 신어야 한다. 그것이 있어야 적군의 기가 죽는다. 하지만 그 장수 여호수아는 모세처럼 허리를 굽힌다. 그의 발에 신을 벗기 시작한다. 군인이 발에 신을 벗는다는 것은 군인의 모든 것을 포기한다는 것이다. 그런데 그는 하나님의 사자 앞에서 자신이 군인인 것을 버렸다. 맨발이다. 바닥이 불에 달군 것처럼 뜨겁다. 지금껏 자기가 제일이라고 생각한 장수 중에 장수가 무릎을 꿇었다. 놀랍게도 그 순간은 하늘의 문이 열리는 순간이다. 하늘의 군대가 파송되는 순간이다. 하나님은 오늘 우리도 그의 앞에 세우신다. 모세가 모세이기 때문에 찾아오심처럼 여호수아가 여호수아이기에 찾아오심처럼 하나님은 우리가 성도이기 때문에 찾아와 자신 앞에 우리를 세우신다. 이제 성도인 우리가 발에 신을 벗어야 할 차례이다. 데일 카네기는 '외부로부터 갈채만 구하는 사람은 자기의 모든 행복을 타인에게 맡기고 있다.'고 하였다. 그렇다. 이제 우리가 스스로 발에 신을 벗어야 한다. 그동안 데일 카네기의 말처럼 사람들의 박수가 힘이었고 더 가짐이 힘이었다면 그것을 벗어야 한다. 우리가 스스로 발의 신을 벗으면 또 다른 모세가 되고, 또 다른 여호수아가 될 것이다. 하지만 누군가가 우리의 발에서 신을 벗기면 우리는 그들의 종이 될 것이다. 언론이 우리 발에 신을 벗기면 우리는 언론의 종이 될 것이다. 권력이 우리 발의 신을 벗기면 우리는 권력의 종이 될 것이다. 이단이 우리 발에서 신을 벗기면 우리는 그들의 종이 될 것이다. 그렇게 우리는 종이 되고 노예가 될 것이다. 하지만 분명히 예레미야애가 3:29 "그대의 입을 땅의 티끌에 댈지어다 혹시 소망이 있을 지로다"라고 말씀하였다. 그렇다. 우리가 스스로 발에 신을 벗고 여호수아와 모세가 되면 이 사회가 우리를 따르는 소망이 있게 될 것이다. 반면에 누군가 우리발에서 신을 벗겨 노예가 되면 우리를 따르는 자들은 없을 것이다. 세상에 노예를 따를 어리석은 사람들이 없기 때문이다. 그래서 한 세대 후에는 이 땅에 우리를 따라 주께로 오는 자들이 없게 될 것이다. 이제 우리발의 신을 벗고 스스로 섬기는 자들이 되기 위해 우리가 서 있는 곳에서 기도의 줄을 잡고 섬김의 허리띠를

띠어야한다. 아아이스닌은 '삶은 사람의 용기에 비례하여 넓어지거나 줄어든다.'고 하였다. 용기를 내어 발에 신을 벗고 이 땅에 그리스도의 삶이 가득해 지기를 소원한다. 하지만 아무리 좋은 몸부림이라도 그 오랫동안 묶은 신발이 한 번에 벗어지지는 않을 것이다. 그래도 오늘 또 한 번 몸부림침이 있다면 어느 날인가는 야곱의 이름 바뀜이 우리의 것이 될 것이다.

2부 이웃 사랑의 실천

너희가 만일 성경에 기록된 대로 네 이웃 사랑하기를

네 몸과 같이 하라 하신 최고의 법을 지키면 잘하는 것이거니와

(야고보서 2:8)

14. 목회자의 길 그 동전의 양면

승려들은 결혼을 하지 않는다. 혈혈단신(孑孑單身)이다. 하루 온 종일 지나도 사람구경 할 수 없는 산속이 거처다. 그래서 걸릴 것도 없고 특별히 챙겨야 할 것도 없다. 어제처럼 오늘도 자신을 돌아보는 일을 최우선으로 하고 살면 된다. 그것만으로도 사람들은 그 승려들로 인하여 자신들의 삶을 돌아보고 정화한다. 혈혈단신(孑孑單身)이기에 걸릴 것도 없고 챙겨야 할 것도 없기는 천주교 신부들 역시 마찬가지이다. 이러한 신부들이나 승려들과 달리 목사들에게는 가정이 있다. 그런데 목사들에게 가정은 동전의 양면이다.

동전의 한쪽 면인 가정은 관심을 필요로 한다. 가정은 끝없는 관심이 필요하다. 가정에서 관심을 가장 많이 쏟아야 하는 대상은 역시 자녀들이다. 어린 자녀들이 학교생활은 잘 하고 있는지 친구들하고는 잘 어울리는지 학업은 잘 따라가는지 상급학교는 어느 학교로 갈 것인지 결혼을 하고 가정을 잘 이룰 것인지 하는 것들이다. 그렇게 보면 자녀들에 대한 관심은 일반 어느 가정이나 다를 바가 없다. 관심을 가져야 하는 것은 자녀 뿐만은 아니다. 목사의 가정에는 아내도 있고 모시는 부모도 있다. 이러한 가정에는 돈이 필요하다. 자녀들을 양육하는데 돈 없이 성직자의 엄위만으로는 불가능하다. 목사는 성직자이지만 자녀들은 그저 아이들 일 뿐이다. 목사는 있으면 먹고 없으면 금식하면 그만이지만 목사의 아이들은 그렇지 않다. 그 아이들도 여느 아이들과 다를 것이 없다. 관심이 연예인이고 핸드폰이고 또래 친구들이다. 다른 친구가 멋진 옷을 입으면 목회자 가정의 아이도 그것을 부러워한다. 자녀들뿐만 아니다. 심지어 아내도 부모도 마찬가지이다. 가정에는 끝없이 재정이 필요하다. 이런 측면에서 볼 때 가정을 가졌다는 것은 성직자의 길을 가는데 큰 걸림돌이다.

동전의 또 다른 측면인 가정은 축복이다. 목사들은 모든 면에서 승려나 신부들보다 어렵고 더 힘든 것만은 아니다. 승려나 신부들이 갖지 못한 가정의 축복도 있다. 가정은 세상에서 무엇과도 바꿀 수 없는 축복이다. 그 가정에는 함께함의 복이 있다. 내 피붙이와 함께 하는 것은 그 어떤 것하고

도 바꿀 수 없는 가치이다. 그뿐 아니다. 내 살 중의 살과 함께하는 축복역시 세상에서 가장 큰 것이다. 인간의 욕구는 누구나 동일하다. 먹지 않으면음식이 있는 곳으로 눈이 돌아간다. 추우면 누구라도 몸이 움츠러든다. 성욕도 마찬가지이다. 건강한 남자라면 그가 목사이건 승려이건 신부이건 마찬가지이다. 예쁜 여자가 지나가면 한 번 더 보게 된다. 여자들도 마찬가지이다. 멋진 남자를 보면 그 상이 오래간다. 그렇기에 건강한 사람에게 성을제어한다는 것은 형벌이다. 성에 대한 욕구는 무엇으로도 막아지지 않는분출하는 샘이다. 그런데 그것을 억누르고 산다는 것은 누가 무어라 해도대단한 것이다. 그래서 아리스토텔레스는 '나는 자신의 욕구를 극복하는사람이 자신의 적을 이기는 사람보다 용감하다고 믿는다.'라고 하였다. 그래서 누구라도 진정으로 그런 사람을 만나면 고개가 숙여진다. 그런데 목사들은 내 살 중의 살과 늘 함께 살아간다. 이것은 큰 복이다. 우리가 하나님께 엎드릴 때마다 잊지 말고 감사해야 하는 것은 이것이다. 로마서16:19에 보면 "너희가 선한데 지혜롭고 악한데 미련하기를 원하노라"라고하였다. 그런데도 나 좋은 것을 가지고 감사하면서 살지 않는다면 인격적미숙아이다. 때문에 이것 하나만으로도 나는 행복한 사람이며 복 받은 사람이란 것을 잊으면 안 된다. 우리는 하나님이 오늘 주신 것에 대하여 만족하고 감사해야 한다. 다른 사람이 누리지 못하는 것을 누리게 된 것을 족하게 여기며 감사해야 한다. 그런데도 그 욕구가 주변을 더럽히는 일이 된다면 지금 받은 복에 대하여 아무런 개념이 없는 것이다. 그렇게 되면 고린도후서 13:5의 "너희는 믿음 안에 있는가 너희 자신을 시험하고 너희 자신을 확증하라"라고 하시는 책망을 피할 수 없게 된다. 목회자에게 가정 안에 있는 두 가지 문제는 분명히 동전의 양면이다. 동전을 주먹에 쥐고 폈다 오므렸다 하는 동안 어느 면을 지속적으로 펼치면 탐욕이 된다. 그리고 반대편을 계속 펼치면 무능이 된다. 두 가지 사이에서 마치 외줄을 타는 것처럼 균형을 잡아야 하는 것이 목사의 길이다. 그런데 베드로전서 2:16에 의하면 "너희는 자유가 있으나 그 자유로 악을 가리는데 쓰지 말고 오직 하나님의 종과 같이 하라"라고 말씀하였다.

15. 극동방송국 한국장님을 찾다

극동방송설교를 처음하게 되었을 때 한국장님을 만났다. 차분하고 사역에 열정이 있고 하나님을 깊이 사랑하는 분이다. 공교롭게 나와 나이도 같다. 나이가 같다는 것은 묘한 이끌림이 있다. 그리고 이상하게 편하다. 그래서 극동방송국에 가면 으레 한국장님을 찾는다. 어느 날이다. 서울에 갈일이 있어 인천에서 운전을 하고 가는 길에 라디오를 틀었다. 어느 목사에대한 사건인데 입에 올리기도 부끄러운 내용이 뉴스로 흘러나왔다. 예수십자가 생각이 났다. 이 땅을 보시는 하나님의 마음은 어떠하실까 하는 생각이 밀려온다. 나를 포함한 한국교회에서 "엘리 엘리 라마 사박다니"(막 15:34, 이는 '나의 하나님, 나의 하나님 어찌하여 나를 버리셨나이까' 하는 뜻이다.) 외치시던 그 예수님의 외침은 무엇이 되었는가 하는 생각이 든다. 코끝이 찡하고 두 눈이 뜨거워진다. 운전을 하면서 얼마나 울었는지 그 상태로는 그날 일을 보러 갈수가 없었다. 하는 수 없이 운전대를 돌려 극동방송국으로 들어갔다. 당연히 한국장을 찾아 들어가 차 한 잔을 얻어마셨다. 영문을 모르는 한국장이 무슨 일이냐고 놀라서 묻는다. 뉴스를 들었는지 내가 물었다. 한 숨을 내 쉰다. 자연스럽게 이 민족 앞에 앞서 가셨던 어른들을 떠올린다. 고 한경직 목사와 고 김준곤 목사에 대한 이야기를 내가 꺼내었다. 이 민족과 한국교회를 사랑하여 모든 것을 내려놓고 주를 따랐으며 지금은 천국에 계실 어른들이 너무나 그립고 아쉽다고 하였다. 이 민족과 교회를 위하여 삼각산에 올라 그렇게 울고 기도하던 목사들의 기도가 이 민족의 큰 방향 판이 되어 주었기 때문이다. 그런가하면 한경직 목사는 그렇게 큰 교회에서 목회를 하면서도 청빈의 횃불을 높이 들어 보이신 어른이기 때문이다. 그때 한국장이 나의 손을 붙잡는다. 그리고는 "예! 맞습니다. 그런데 목사님! 지금도 참 좋은 목사들 많이 계십니다. 내가 아는 분들 가운데 정말 훌륭하신 분들이 너무 많습니다. 목사님들 뿐 아니라 성도들도 마찬가지입니다."라고 말한다. 그렇다. 그럴 것이다. 그래서 희망은 있다. 제임스 오펜하임은 '어리석은 자는 멀리서 행복을 찾고, 현명한 자는 자신의 발치에서 행복을 키워간다.' 라고 하였다. 그렇다면 우리도 현명

한 자가 되어야 한다. 이 민족을 끌고 오셨던 위대한 믿음의 선배들은 이미 멀리 가셨다. 이제 우리는 발치에서 행복을 키워나가야 한다. 아주 분명히 어느 산, 어느 바위 밑에서 이 민족을 위해 눈물로 기도하는 수많은 분들이 있을 것이기 때문이다. 자신을 드러내지는 않지만 크고 작은 목회현장에서 주님을 따라가려고 눈물을 뿌리며 기도하시는 수많은 목회자들이 있기 때문이다. 그런 분들에 대하여 히브리서 6:10에 보면, "하나님은 불의하지 아니하사 너희 행위와 그의 이름을 위하여 나타낸 사랑으로 이미 성도를 섬긴 것과 이제도 섬기고 있는 것을 잊어버리지 아니하시느니라"라고 말씀하였다. 하나님이 그것을 기억하시고 그 눈물과 수고를 인하여 이 나라를 끝까지 사용하실 것이다. 그리고 무엇보다 이 땅 교회들을 사랑하시는 교회의 주인은 하나님이시기 때문에 여전히 희망은 있다.

16. 회복의집 이사

새벽 4시에 일어나 아이 이불 덮어주고는 6시에 다시 잠이 들었다. 잠에서 깨어 시계를 보니 8시이다. 8시 10분에 아파트 아래에서 김현수 목사와 만나 이삿짐을 나르러 가기로 했는데 큰 일이다. 세수를 하는 둥 마는 둥 뛰어나갔다. 1/30 운동 회원인 이기운 목사가 강원도 평창으로 이사를 하는데 1/30 운동본부에서 임금을 받고 이삿짐을 나르기로 하였다. 이기운 목사는 그동안 하시던 목회를 접고 강원도 평창에서 회복의 집을 운영하실 계획이다. 강원도에 전세로 마련한 거처가 아름다운 곳이다. 이기운 목사는 그곳에서, 지치고 힘든 목사들이 잠시 쉬어가는 공간을 만들어 쉼을 주고 싶어 하신다. 오늘 참여할 수 없는 목사들은 27일 수도권 매립지로 일하러 갈 것이다. 김현수 목사와 함께 이기운 목사 댁에 도착하니 두 대의 봉고차에 이미 짐이 가득 실렸다. 고재성, 이기운, 박병훈, 최영하 목사가 일찍 도착하여 이미 많은 일을 진행한 상태였다. 나머지 짐은 우리 봉고차에 싣고 봉고차 3대가 평창으로 향한다. 자동차 기름 값은 차를 가지고 온 사람이 각자 부담하기로 하였다. 산야는 이미 초겨울에 접어들었다. 잎이 떨어져 가지가 얼기설기 남은 나무들이 그림처럼 제자리에 서 있다. 두시간 반을 달려 도착한 회복의 집은 아름다웠다. 3대의 봉고차에 나눠 실린 짐들은 집안 2층으로 옮겨졌다. 인원이 많아서 아주 쉽게 짐을 옮기고 늦은 점심 식사 후 산으로 갔다. 간목 해 둔 나무들을 가져다가 올 겨울 회복의 집에서 사용하기를 바라며 산에 오르는데 경사가 70도는 되는 듯하다. 어떤 곳은 산에 오르기 전에 우리가 먼저 미끄러져 내려간다. 숨이 턱까지 차오른다. 힘들게 오른 곳에는 여기저기 나무들이 널려 있다. 제법 굵은 한 토막을 들기가 힘에 버겁다. 바닥에서 잔뜩 물을 머금었기 때문이다. 어깨에 하나씩을 메고 내려오는데 어깨가 짓눌려 고통스럽다. 집까지 가는 길이 그렇게 멀게 느껴진다. 반대편 어깨로 옮겨 메었지만 이내 다시 고통이 밀려온다. 겨우 한 개씩을 옮기고는 더 이상 산에 가자는 사람이 없다. 아침에 일하러 올 때는 산이라도 옮길 것 같은 기세였는데 이삿짐 조금 나르고 산에 한번 올랐더니 그새 아침의 기세는 사라졌다. 아니 슬그머니 꾀가

난다. 더욱이 강원도의 산속은 해가 빨리 떨어진다. 오후 4시인데 이미 산에는 그림자가 깊다. 산에는 단 한번만 오르고 차 한 잔씩을 나누고는 집으로 가는 차에 오른다. 산길은 어둠이 깔린다. 오늘의 임금은 현금으로 받았다. 그냥 보내기가 그러셨는지 이기운 목사는 찐빵 한 박스씩을 사서 드리라고 박홍길 목사에게 간곡히 부탁하며 10만원을 추가로 주셨다. 우리가 극구 거절할 것을 아셨던 이목사의 마음이 아름답다. 박병훈, 박홍길 목사와 동승하였다. 오는 길에 목사로서 이 사회를 섬겨야 할 일들에 대하여 많은 이야기를 나누었다. 중요한 것은 우리 자신이다. 우리 모두는 하나님으로부터 주어진 삶을 살다가 가야할 자들이다. 그렇다면 남은 인생을 가지고 조금이라도 이 사회를 섬기면서 가야 한다. 스티브잡스는 '우리가 이룬 것 만큼, 이루지 못한 것도 자랑스럽습니다.' 라고 하였다. 이룬 것만 의미가 있는 것이 아니라 이루지 못한 노력들도 의미 있고 가치 있다는 것이다. 바꾸어 말하면 큰 일만 의미 있는 것이 아니라 아주 작은 일도 의미 있다는 것이다. 그렇다면 정말 먼지처럼 작은 일일지라도 그 일이 주를 따르는 자로서 내 발에 신을 벗는 일이라면 기꺼이 그렇게 가야 한다. 그리고 나부터 그렇게 하는 것이 이 땅의 교회를 회복시키는 것이다. 우리시대의 성도들이 어떤 희생을 치르더라도 교회의 영향력은 교회다워야 한다. 사실 이 땅의 교회들처럼 귀하고 소중한 곳은 없다. 그리고 교회는 어느 곳 하나라도 거룩한 사연이 없는 교회가 없다. 거룩한 수고와 땀과 눈물이 묻지 않은 교회가 없다. 그렇게 하여 오늘 이 땅에 교회들이 세워졌다. 그러니 어느 한 교회라도 무너진다면 주님이 아파하지 않을 교회가 없는 것이다. 어릴 때 다녔던 교회는 이름도 알려지지 않은 조그만 교회이다. 하지만 그 교회 하나를 위해 주님은 전체를 내어 놓으신 것이 사실이다. 어디 그 뿐이랴. 그 교회를 지켜 오면서 성도들은 또 얼마나 수고의 땀을 흘렸는가? 그들은 시편 119:81 "나의 영혼이 주의 구원을 사모하기에 피곤하오나 나는 주의 말씀을 바라나이다"하는 말씀처럼 시대가 힘들고 삶이 어려운 때이기에 구원을 바라보고 사는 것이 피곤하지만 하나님의 말씀대로 살려고 몸부림을 쳤다. 오늘 이 땅의 교회는 그런 분들의 눈물과 땀으로 여기까지 이어져왔다. 그렇게 이름도 없이 몸으로 주님을 섬기다 간 사람들 가운데 한 사람이 나의 형이다. 참고로 나의 형은 29세에 하나님의 부름을 받았다. 하나님의 부름을 받기전까지 이름 없는 조그만 시골교회를 몇몇의 성도들과 함께 온 몸으로 섬겼다. 어느 교회나 그렇듯이 시골 조그만 예배당은 가장 힘들고 어려울 때가 겨울이다. 한겨울이 되면 차라리 밖이 따뜻하다. 그럴 때에는 누군가 예배당에 들어가서 불을 피워야 훈훈해 진다. 그 일을 맡은 교인은 새벽예배를 위해 남보다 이른 시간에 교회에 나와 장작불을 붙인다. 하얀색 연기가 물씬 물씬 나는데서도 기침을 쿨룩거리며 후후 불어 본다. 두 눈에 찔끔거리며 흘러내리는 눈물을 닦아 내고 고개를 한쪽으로 젖혀 목을 빼고는 후후 불어 불씨를 살린다. 한참을 애쓴 결과 불이 붙기 시작하면 미리 준비한 작은 가지들을 분질러 넣은 후 이내 제법 큰 나무 토막을 집어넣고 불을 붙인다. 드디어 매캐하면서도 제법 따뜻한 공기가 예배당에 퍼지기 시작한다. 재빨리 밖으로 나가 겨울 새벽하늘을 향하여 서있는 교회 종줄을 끌러 붙들고 기도를 한 후 땡땡 재종을 친다. 예배당 안에서는 찬송이 불리고 유난히도 시리게 맑은 겨울 새벽 총총한 별들이 가득한 하늘로 찬송이 가물거린다. 예배 한번을 위해서도 그런 섬김과 수고가 있었다. 그리

이삿짐 작업중 휴식

고 해마다 네 번씩 돌아오는 계절은 각기 계절마다 특별한 수고가 동반된다. 여름이 되면 태풍을 이겨 내도록 교회 지붕도 얽어 매고 못도 친다. 지붕에서 내려와 교회를 돌아가면서 도랑도 치고 길이 질퍽거리지 말라고 자갈도 깔고 눈이 오면 숨이 차고 팔다리가 저리도록 눈을 쳐낸다. 그래도 돌아서면 눈으로 빙판이 된 길에 얼어붙은 땅에서 흙가루를 긁어다 뿌려야 교인들이 넘어지지않는다. 깊은 화장실은 또 누가 쳐주는가? 그저 은혜 되는 사람이 앞장선다. 아니 내가 주님으로부터 크게 용서받았다고 생각하는 사람이 으레 말 없이 그 깊은 통을 쳐낸다. 악취가 진동해도 주님의 십자가를 생각하면 찬송이 나온다. 용서받은 죄악을 생각하면 그것도 감격스러울 뿐이다. 이 땅에 어느 교회라도 그렇게 이어졌다. 그러한 섬김으로 오늘의 교회가 우리에게 주어졌다. 그렇다면 그 수고와 땀은 다음세대에도 의미 있음이 되어야 한다. 이야기를 나누는 동안 어느새 인천이 가까워진다.

17. 어깨 통증

1/30 운동을 위해 노동을 하는 도중에 무거운 통나무를 어깨에 메고 나른 것이 화근이 되어 통증이 시작되었다. 많은 일을 한 것도 아니다. 단 한 번 메고 날랐을 뿐이다. 하지만 손도 들 수 없고 세수도 어렵다. 옷을 갈아 입으려고 하면 악소리가 난다. 이 병원 저 병원 다니고 기도도 하지만 좀처럼 완치되지 않는다. 조금 나아지는가 싶더니 다시 재발된다. 교회에서 교우들의 걱정이 이만 저만이 아니다. 특히 모성애가 깊은 권사님들의 걱정이 대단하다. "목사님! 건축도 앞두고 있는데 건축 마칠 때까지 만이라도 노동 그만 하시고 1/30 운동 쉬시면 좋겠어요." 고마운 말이다. 하지만 그럴 마음이 없다. 사실 우리교회는 건축을 준비하고 있다. 인천아시아경기

대회 선수촌 내에 종교부지 400평을 준비하였다. 무리하게 건축을 크게 하고 싶은 생각은 없다. 땅은 있으니 무리하지 않은 선에서 건축하되 대출이라도 발생시킬 생각이다. 그래도 걱정이 앞선다. 하지만 기도하는 수밖에 없다. 때문에 건축에 대하여는 의도적으로라도 신경을 쓰지 않으려고 한다. 또한 실제 건축은 아시아경기가 마친 후부터 시작된다. 그런데도 교인들은 그 문제가 가장 큰 문제인가 보다. 그렇다고 나는 그 일이 아무것도 아니라는 것은 아니다. 우선순위에서 나를 바로 세우는 것이 우선이라는 뜻이다. 그리고 1/30 운동은 나를 바로 건축해 보겠다는 노동이라는 형태의 기도이다. 주님은 베드로전서 1:13에서 "그러므로 너희 마음의 허리를

평창 감자 심기 작업

동이고"라고 하였고, 마태복음 5:13에서는 "너희는 세상의 소금이니 소금이 만일 그 맛을 잃으면 무엇으로 짜게 하리요 후에는 아무쓸데 없어 다만 밖에 버려져 사람에게 밟힐 뿐이니라"라고 말씀하였다. 때문에 교회 예배당 건축을 하는 그것보다 날마다 목사가 진정한 목사가 되기 위해 자신을 건축하는 일이 우선이다. 내가 바로 건축 되어야 교회가 바로 선다. 교회가 바로서야 그 교회가 건축하는 예배당이 하늘나라에서 귀함으로 인정될 것이다. 어찌됐건 어깨가 좀처럼 낫지 않는다. 어느 날 인천의료선교팀에서 1/30 운동에 대하여 특강해 달라고 요청이 들어왔다. 강의를 마치고 평소에 존경하는 부평내과 한기돈 장로로부터 의료선교하시는 분 중에 어깨를 아주 잘 고치는 전문가 한 분을 소개 받았다. 나누리병원 신경호 소장이다. '한장로 소개로 왔다' 고 하였더니 나에게 '목사님이냐' 고 물었다. 잠시 이야기를 나누는 중에 '마을안교회 목사' 라고 하였더니 극동방송에서 설교를 자주 들었다며 반가워하셨다. 이후 소장님이 나를 볼 때마다 먼저 자리에서 일어나 고개를 숙였다. 정말 송구스럽기 그지 없다. MRI 촬영을 해보더니 어깨가 눌려 거기에 염증이 생기고 인대가 얇아져 끊어지기 직전이니 조심하고 치료해야 한단다. 이번에는 약도 잘 챙겨 먹고 운동도 열심히 해야겠다. 목사이지만 몸은 다른 사람과 조금도 다르지 않기 때문이다.

18. 8월 노동

어깨 통증으로 여러 달 노동을 하지 못했다. 몇 개월 만에 노동 현장에 나왔다. 8월은 노동을 한 달 쉬었으면 하였지만 정태승 목사의 열심이 특심하여 일정을 잡았다. 풀베는 일이다. 한참 허리를 굽혀 풀을 베는데 온몸에 땀이 쏟아진다. 8월의 중순은 바람 한 점 없다. 땅에서는 뜨거운 기운이 솟구쳐 올라온다. 머리가 지끈하며 어지럽다. 목에 걸고 간 수건에서 벌써 고약한 냄새가 난다. 여섯명이 한 조가 되어 한 줄로 서서 풀을 베어나간다. 자연히 풀을 잘 베는 사람과 그렇지 못한 사람 사이에 차이가 난다. 풀을 잘 베는 사람이 더 못 베는 사람 쪽으로 몸을 돌려 베어낸다. 모두 함께 앞으로 나간다. 나는 어릴 때 고향에서 배운 솜씨를 뽐내면서 열심히 낫질을 하였다. 옆에서 일하던 아저씨가 나에게 낫질 참 잘 한다는 칭찬까지 한다. 잠시 쉬는 시간이다. 둘러보아도 그늘이 될만한 큰 나무는 없다. 하는 수 없이 작은 나무들 사이 그늘을 찾아 몸을 웅크리고 여기 저기 흩어져 앉았다. 작업반장이 사무실에서 시원한 물을 들고 온다. 얼음을 얼린 물이다. 그 물이 다 녹을 때까지 기다릴 여유가 없다. 얼음이 들어 있는 물병에 다른 물을 부어두면 얼음이 녹는 것보다 훨씬 빨리 시원해진다. 그래서 더 많은 사람이 마실 수 있다. 하지만 그렇게 하여도 역부족이다. 땡볕에서 일하면서 여섯 명이 마셔대는 물을 감당해 내지 못한다. 일하는 현장에서 가장 맛난 것은 시원한 물이다. 잠언 25:23의 "충성된 사자는 그를 보낸이에게 마치 추수하는 날에 얼음냉수 같아서 능히 그 주인의 마음을 시원하게 하느니라"라는 말씀이 떠오른다. '주님! 우리의 적은 수고가 주님의 마음을 조금이라도 시원하게 해드리는 일이었으면 정말 좋겠습니다. 그렇기만 한다면 우리는 주님을 위해 못할 일이 없을 것 같습니다.' 하는 마음의 기도를 드린다. 점심시간이다. 세워둔 자동차는 후끈거린다. 하지만 그 차를 타고 식당으로 향한다. 현장을 벗어나 잠시 달리면 커다란 간이식당이 나온다. 주변의 공장에서 일하는 분들이 식사를 하는 곳이다. 식비가 1000원이 올라 한끼 5000원이지만 마음껏 먹을 수 있는 집이다. 늘 사람이 많다. 식당 가까운 주변에서 이런저런 일을 하는 노동자들이 대부분이다. 그 식당은 동북아시아 동남아시아 서남아시아 중앙아시아 심지어 중동 사람들까지 섞여있다. 언제나 느끼는 것이지만 모든 외국인들이 한국 음식을 잘 먹는다. 그 중에서도 오늘 같은 날 으뜸은 오이냉국이다. 심지어 얼음이 채 다 녹지 않았다. 입안에서 와그락 소리를 내는 얼음 오이냉국은 누가 만들기 시작했는지 고마운 생각마저든다. 땡볕과 싸운 후 오이냉국은 경이롭기까지 하다. 인간이란 이런 것인가 싶다. 고생하고 땀 흘리고 먹는 식사에서 오이냉국 하나가 이렇게 사람을 행복하게 한다. 식사 후 쉬는 시간이 여느 때 보다 길다. 한 여름에 일하는 사람들을 위한 배려이다. 어떤 사람은 커다란 나무 아래에 판자를 깔고 잠이 들었다. 요즘은 흡혈진드기 때문에 야외 활동이 줄고 배낭이며 텐트와 같은 야외용품의 판매가 줄어들고 있다고 한다. 그런데 그런 걱정은 편할 때 하는 사치인가 보다. 개미가 물던지 진드기가 물던지 따질 상황이 아니다. 일하는 사람에게 생각이 많으면 몸이 피곤하다. 지금은 곤한 몸을 아무데나 누이는 것이 우선이다. 다들 자리에 누웠는데 나는 육십 대 중반쯤 되어 보이는 지역 주민 아저씨와 이야기를 하게 되었다. 그분은 우리가 누구인지 궁금한 모양이다. 사실을 이야기 하였다. 목사라는 소리에 다소 놀라는 눈치다. 이내 나에게 말을 걸어온다. 교회에 대한 부정적인 시각이다. 지금은 교회에 다니지 않는단다. 그런데 이전에 다녔던 교회 목사에 대한 평가가 부정적이다. 예레미야애가 4:1~2

"슬프다 어찌 그리 금이 빛을 잃고 순금이 변질하였으며 성소의 돌들이 거리마다 어귀마다 쏟아졌는고 순금에 비할 만큼 보배로운 시온의 아들들이 어찌 그리 토기장이가 만든 질항아리같이 여김이 되었는고"하는 말씀이 가슴을 친다. 갑자기 '교회 헌금은 모두 목사 것입니까?' 라고 묻는다. 교회 재정이 궁금한가 보다. '교회 재정은 목사가 마음껏 사용하는 것이 아니고 재정부를 세워서 그 재정부가 돈을 맡아 관리합니다. 그리고 그 결과는 적어도 1년에 한차례 이상씩 수입과 지출 항목을 만들어 자세히 교회 앞에 보고를 합니다. 그리고 목사도 그 회의에서 결정되는 금액만큼씩 사례비를 받고 있습니다.' 그 말끝에 그분은 한참 뜸을 들이더니 나에게 '월급을 얼마나 받고 있느냐' 고 묻는다. 이분은 예수님에 대한 관심보다는 교회재정과 목사의 월급에 더 관심이 많은 듯하다. 하는 수 없다. 사실대로 이야기하였다. 부양가족은 몇인지 묻는다. 어머니를 모셔서 일곱식구라고 대답했다. 걱정 되는 모양이다. '그것 가지고 생활이 됩니까?' 질문을 한다. '늘 부채가 늘지요' 라고 답했다. 그러면 '어떻게 하나요.' 라고 되묻는다. 안되겠다 싶으면 '교회에서 한꺼번에 부채를 정리해주기도 합니다.' 라고 하였다. 물론 나의 사례비는 교회 운영위원들과 늘 밀고 당기는 문제이었다. 운영위원들을 포함한 교우들은 해마다 년 말이 되면 사례비를 올려야 한다고 하고 나는 이것도 감사하다고 버텨왔기 때문이다. 지금 이야기이지만 이제 앞으로는 현실적으로 조정을 좀 해야 할 것 같다. 이번에는 목사직에 관한 질문이다. 목사가 되려면 어떤 과정을 거치는지 묻는다. 고등학교 졸업 후 대학 4년, 대학원 3년, 강도사 1년, 그 후 목사 안수까지 1년이며 한번이라도 재수를 하면 10년의 세월을 거친다고 하였다. 깜짝 놀란다. 그리고는 나는 목사 된지 몇 년이나 되었느냐고 다시 묻는다. 목사안수 받고 목회한지 한 23년 쯤 됐다고 하였다. '대학원졸업하고 그 정도 세월이면 웬만한 회사에서 이사는 되었겠다' 고 한다. 그런데 '월급이 너무 적네요.' 라고 한다. 교회 돈의 주인이 목사라고 생각했는데 자신이 생각했던 것보다 세상말로 월급이 적다고 생각했는지 조금 놀란 듯하다. 많은 시간 대화를 한 후 그 분의 반응이 좋아졌다. 베드로전서 3:15 "너희 마음에 그

청소 작업

리스도를 주로삼아 거룩하게 하고 너희 속에 있는 소망에 관한 이유를 묻는 자에게는 대답할 것을 항상 준비하되 온유와 두려움으로 하고"하는 말씀이 떠오른다. 그 기회를 잡고 내가 전도를 하였다.

"사람들은 죽음을 보면서 교통사고 때문에 죽었다고 하고 물에 빠져 죽었다고 하고, 무슨 병에 걸려 죽었다고 하여 마치 그런 것이 없었으면 영원히 살기라도 할 것처럼 말하지요. 하지만 그것은 죽음의 현상이며 사실은 하나님이 인생의 수명을 그렇게 정하셨기 때문에 죽는 것입니다."라고 말해 주었다. 그리고 내친김에 천국과 지옥 그리고 심판이 있음도 말했다. 그러면서 좀 더 쉽게 복음을 설명하여 주었다. "이 땅에서도 아버지와 자식관계는 아버지의 피가 자식에게 있는 것입니다. 우리도 예수께서 십자가위에서 흘리신 그 피가 나 때문인 것을 믿음으로 받아들여 내 영혼에 그 피를 적시면 하나님의 가족이 되는 것입니다."라고 "예수 믿는 사람들이 천국에 가는 것은 하나님의 가족이 되었기 때문이며 이 땅을 떠나는 날 아버지가 계시는 집으로 가는 것"이라고 말해 준 것이다. 오후 작업시간이 되었다. 작업반장이 소금이라며 알약 한 알씩을 내밀었다. 그렇게 오늘의 노동도 거의 끝을 향하고 있다. 이제 한 시간만 일을 더 하면 끝나는 시간이다. 그런데 지친다. 더 이상 움직여 풀을 베는 것이 힘에 겹다. 온 몸은 푸석거리고 부어 있다. 손이 잘 쥐어지지 않는다.

19. 예초기를 따르다

　아침에 현장에 들어가기 위해 철망이 길게 쳐진 도로를 따라 승용차가 달렸다. 철망들을 보다가 불현듯 지난해 봄에 철망 안쪽 숲의 잡초를 제거하던 일이 생각났다. 그 날은 많은 먼지 속에서 참 힘들었는데 오늘은 그런 일은 아니었으면 좋겠다고 정태승, 박병욱 목사가 걱정스런 농담을 했다. 그렇게 자동차는 한참을 달리다 건너편 조그만 철문으로 들어섰다. 100미터 남짓 거리에 있는 컨테이너가 사무실이다. 사무실에서 소장으로부터 그 날 할 일을 지시 받았다. 오늘도 풀을 베는 작업이다. 그런데 예초기를 작동하는 두 어른들과 목사 동료들이 한 조가 되었다. 낫으로 풀을 베지 않고 예초기를 따르며 뒤처리를 하면 된다. 횡재한 날이다. 뒤처리란 예초기로 베어 놓은 풀들을 안고 가서 나무 밑에 던져넣는 일이다. 그런데 그 일도 쉬운 것이 아니었다. 세상에 쉬운 일은 없다. 그렇게 한참 갈퀴질을 하여 긁어모은 풀들을 들어 나르는데 반장하는 말 '너무 그렇게 박박긁지 않아도 됩니다.' 라고 한다. 일하는 것이 마음에 드는 눈치이다. 벤 풀을 갖다놓아야 할 나무들이 있는 숲은 꽤 먼 거리에 있다. 좋은 방법이 있으면 좋겠다. 그때 반장이 비닐 천을 가지고 오더니 이 위에 풀을 많이 얹어서 네 명이 끌고 가면 좋겠다고 하였다. 참 지혜로운 말이다. 그 한 사람 때문에 우리는 아주 쉽게 일을 하였다. 오늘은 이리저리 횡재하였다. 날씨가 아직은 덥다고 하지만 그래도 오늘은 28°이다. 지난번 보다는 확실히 시원하다. 땀도 덜 흘리고 물도 덜 마셨다. 점심식사 후 오후 작업시간이 되었다. 아침에 정태승 목사와 했던 그 말이 씨가 되었나? 회사의 간부 한 사람이 자동차를 타고 지나다가 보았는지 도로변 철망을 덮고 있는 칡 넝쿨을 제거하라는 지시가 떨어졌다. 악몽의 재현이다. 오전에 함께 일했던 노무자들이 쌍소리를 하면서 오늘 일 안하고 집에 갈 거라고 한다. 분위기가 심상치 않다. 하는 수 없이 소장이 차를 타고 현장에 다녀오더니 해 볼 만하겠다고 한다. 내키지는 않지만 트럭 뒤에 올라타고 현장으로 갔다. 비포장이나 다를 바 없는 철망너머 도로에서 날려 온 흙먼지가 숲에 뿌옇게 쌓였다. 그래도 작년 봄 보다는 상태가 한결 좋아 보인다. 혹시 뱀이라도 나올까봐 예초기를 멘 사람이 앞서 길을 낸다. 예초기를 멘 사람은 예초기로, 낫을 든 사람들은 낫을 들고 숲속과 울타리 철망을 뒤덮은 칡넝쿨을 끊어낸다. 먼지가 허옇게 일어난다. 그래도 지난봄에 비하면 한결 수월하다. 한참 일을 하는데 '가을에는 뱀을 조심해야 한다'고 우리에게 일러주던 아저씨가 '아이 따거워!' 외마디를 지른다. 쐐기에 쏘였다. 나도 얼굴을 쏘였다. 얼마나 쓰리고 아픈지 나뭇잎 뒤편을 살펴보니 어릴 때 본 감나무 잎에 붙어 있던

잡초 제거 작업

그 쐬기다. 오후 일을 하는 동안 두 팔을 다 쏘였다. 이윽고 고재성 목사, 김병진 목사, 김현수 목사도 줄줄이 쐬기에 쏘였다. 우리 사는 세상에는 이보다 더 아픈 것이 많겠지만 지금은 쐬기 쏘인 것이 세상에서 가장 아프기라도 한 것처럼 스치는 바람에도 통증이 오고 어떤 때에는 심장까지 쓰리고 아픈 것 같다.

20. 호떡 나눔 – 구월동 야채 도매시장

우리에게는 말없는 한 가지 원칙이 있다. 노동을 할 때나 호떡 봉사를 할 때 우리가 어느 교회 목사라는 것을 말하지 않는 것이다. 그냥 한국교회 보편의 목사로 알아주기를 바랄 뿐이다. 그 일들을 통하여 우리 주님이 기뻐하시면 그만이기 때문이다. 그런데 따뜻한 어묵국물이라도 받아든 분들은 값없이 나눠주는 사람들에 관심이 참 많다. 아니 우리가 누구라고 대놓고 말할 때보다 더 많은 관심과 궁금증을 가진듯하다. 그래서 으레 '어느 교회 목사님들입니까?' 하는 질문을 한다. 그럴 때이면 우리들에게서 나가는 대답은 언제나 동일하다. '우리가 어느 교회 목사인 것이 뭐 그리 중요한 문제입니까. 저희들은 경기도와 인천 일대의 목사들입니다.' 하는 말을 한다. 그리고 '사는 것이 고생인데 이것 하나씩 나눠먹고 힘내서 살아갑시다.' 하는 말을 전한다. 그런데 참 놀랍다. 그 한마디와 호떡 한 개로도 많은 분들이 고마워하고 얼굴에 웃음을 띤다.

오늘도 호떡섬김을 나왔다. 구월동 야채 과일 도매시장이다. 수레를 펼 곳이 마땅치 않아 시장입구 담벼락 곁에 자리를 잡았다. 겨울 날씨는 살을 에는 듯이 차갑지만 그래도 햇살은 참 따뜻한 날이다. 시작하기 전 기도를 마치고 수레를 펼쳤다. 오고가는 사람들이 기웃거린다. 평소에 없던 것이 나타났기 때문이다. 목사들 몇이 호떡을 굽고 어묵을 끓였다. 그리고 몇 몇 목사들은 쟁반에 호떡과 어묵을 담아서 상인들에게 배달을 하였다. 오늘은 CGN TV에서 우리가 호떡을 구워 나눠주는 것을 취재하기 위해 나왔다. 하루 온 종일 카메라기자가 우리와 동행하였다. 시장이란 참 이상하다. 소문이 그렇게 빠를 수가 없다. 몇 개 배달하지도 않았는데 벌써 저 끝에 있는 상인들이 안다. 반응도 다양하다. '다음에 한 번 더 만들어 주세요' 하는 분도 있다. '지금까지 살면서 이렇게 맛있는 호떡은 처음 먹어 본다.' 고 너스레를 떠는 분도 있다. 아침에 호떡 수레를 펴길래 장사 하려는 분들일 것이라고 생각했다는 분도 있다. 오후가 되었다. 교대 멤버를 정하여 점심 식사를 마치고 다시 시작하였다. 조그만 트럭운전을 하고 가던 아저씨가 3천원어치만 달라고 한다. 운전하느라 식사 때를 놓친 모양이다. 최영하 목사가 넉넉히 가지고 뛰어가 무슨 말을 하면서 호떡을 전한다. 물론 돈은 받지 않았다. 아저씨는 '아이구! 그러면 이걸 어떻게 먹느냐'고 감사하다며 연거푸 고개를 끄떡거리며 인사를 하고는 떠난다. 고린도후서 5:15 "많은 사람의 감사로 말미암아 은혜가 더하여 넘쳐서 하나님께 영광을 돌리게 하려 함이라"하는 말씀이 떠오른다. 젊은 부부는 '우리도 한 개 먹을 수 있나요' 하면서 다가온다. 드디어 오전 내내 이 모습을 지켜보던 건너편 화원

호떡 나눔

사장이 다가왔다. 호떡 한 개를 먹더니 "제가 오전부터 계속 지켜봤는데 목사님들이야말로 진짜 목사님들입니다. 건너편에서 들을 때 목사님들이라고 하는 것 같아서 더 관심을 가지고 오전부터 지켜보았는데, 크게 감동을 받았습니다. 얼마 되지 않지만 남을 돕는 일에 사용되었으면 합니다." 하는 말과 함께 만원짜리 몇 장을 건넨다. 김병진 목사가 1/30운동에 대하여 설명을 해준다. "호떡은 교회 재정이나 개인의 기부로 만들어진 것이 아니라 여기 있는 목사들이 한 달에 하루씩 일 년 동안 일하고 모은 돈으로

호떡 나눔

만들어 드리는 것입니다." 하는 설명을 하였다. 화원 사장은 목사들이 예수 믿으라는 전도도 없이 '세상이 아무리 힘들어도 힘내어 살아 봅시다' 하는 말과 함께 호떡을 구워 무료로 나누어 주는 것만으로도 감동을 받았는데, 전도 호떡 나눔 비용을 목사들이 노동현장에서 직접 모은 기금이라는 사실을 알고는 적지 않게 놀라는 모양이다. '오늘 감동 받았습니다.' 하는 말을 두 번씩이나 한다. 조그만 일이라도 감동이 일어나면 대화가 시작된다. 그분은 교회와 주변에서 예수 믿는 사람들에 대한 그동안 마음 속에 담아 두었던 이야기를 꺼내기 시작하였다. 진지한 대화가 시작되었다. 상당히 많은 부분에서 교회에 대한 오해를 하고 있었다. 그 오해를 풀어주게 되어 감사하다. 이제 그의 인생에도 십자가로 나가는 길을 하나님께서 내어주시기를 기도한다.

21. 호떡 나눔 – 부평역

    노숙 인들을 위하여 부평역 앞에서 호떡 봉사를 하는 날이다. 구청에 협조를 구하였더니 부평역 앞에 노숙인들과 독거 노인들을 위해 사랑의 쌀 나눔운동본부에서 급식을 하는 곳이 있는데 그 곁을 이용하는 것이 좋을 듯하다고 하여 오전 10시에 1/30 운동 목사들이 모였다. 도착하니 사랑의 쌀 나눔운동본부에서 넓게 자리를 잡고 있었다. 그 옆으로 조그만 호떡 수레를 펼쳤다. 삶은 계란 다섯 판과 커피와 물은 박홍길 목사가 준비하였다. 이미 주문한 호떡반죽과 어묵과 포장마차를 기다리는데 예상보다 늦게 도착하였다. 더구나 수레 주변으로 쳐야할 포장도 없이 호떡 수레를 가지고 왔다. 호떡 굽는 사람도 어묵을 떠주는 사람도 영락없이 바람에 노출되게 생겼다. 바람이 불꽃을 흐트러지게 할 것이지만 하는 수 없다. 드디어 오늘의 섬김이 시작됐다.(디모데전서 6:18 "선을 행하고 선한 사업을 많이 하고 나눠주기를 좋아하며 너그러운 자가 되게 하라") 먼저 목회자들이 광장한 켠에 서서 손을 잡고 기도한다. "하나님 우리의 이 작은 봉사가 아버지를 기쁘게 하기를 원합니다. 오늘도 시리고 아픈 인생을 사는 분들이 따뜻한 국물 한 모금에 새 희망을 삼키게 하시고 삶은 계란 하나에서 자신들에게 아직도 기대를 가지고 있을 그 누군가를 떠올리게 하여 주옵소서. 특히 하나님이 자신들을 기대하고 있음을 발견하게 하여 주옵소서. 그리고 오늘 이 작은 수고를 통하여 우리들도 나다운 내가 되게 해주시고 그리스도의 이름이 이 땅에서 더욱 의미 있게 하여 주옵소서. 예수의 이름으로 기도합니다. 아멘" 기도를 마친 후 불을 붙이고 철판이 뜨거워지기를 기다리는데 벌써부터 옆집에서 급식을 마친 분들이 한 사람 두 사람 줄을 서기 시작한다. 하는 수 없다. 호떡은 판이 더 뜨거워져야 하니 우선 어묵 국물이라도 먼저 드려야겠다. 박병욱 목사, 김현수 목사가 반가운 얼굴로 사람들을 맞이한다. 종이컵에 어묵 한 줄과 국물뿐이다. 그런데 그것도 감사히 받아들고 뜨거운 국물을 후후 불어가면서 마시는 분들이 어찌 그리 예쁘고 사랑스런지 모르겠다. 이윽고 호떡 불판이 뜨거워졌다. 기름을 두르고 반죽 한 주먹을 떼어 들고는 둥글게 접고 그 안쪽에 갖가지 부재료가 들어간 흑설

탕 한 숟가락을 퍼서 넣는다. 흑설탕을 중앙으로 몰아가면서 반죽의 끝 부분을 잡아들고는 입구를 봉해나간다. 봉한 쪽이 철판을 향하도록 올려놓고는 어느 정도 익으면 뒤집어 둥그렇게 생긴 누름 판을 가지고 꾹 눌러준다. 호떡의 형태가 갖추어졌다. 이어서 한쪽이 다 익었다 싶으면 다시 뒤집어 익기를 기다렸다가 구워낸다. 그런데 불이 강하면 반죽이 채 익기도 전에 새까맣게 타버린다. 반대로 불이 너무 약하면 도대체 익을 생각이 없다.

그래서 호떡 구이는 불 조절이 중요하다. 한판에 세 개씩 올려놓고 그것들이 익는 동안 또 다른 세 개를 만들어 올린다. 그리고 나중에 얹은 것들이 익어가는 동안 먼저 올린 것들은 들어낸다. 그런데 자꾸만 바람이 불어댄다. 불 조절이 쉽지 않다. 타는 것들이 나오는가 싶더니 설익은 것들도 나온다. 천만 다행인 것은 오늘은 줄을 늘어선 분들이 그리 많지 않다. 점심 드시러 오신 분들이 호떡 하나씩을 받아들고 가기를 마치자 사람들이 아주 적어졌다. 고재성 목사가 부평역 앞에서 손님을 기다리고 있는 택시기사들에게도 한 개씩 나눠드리면 좋겠다고 하여 목사들이 쟁반에 호떡 몇 개씩을 담아 배달을 갔다.

"운전하기 힘드실텐데 이거라도 하나 드시고 힘내세요." 호떡 하나씩을 건네드렸다. 그렇지 않아도 출출하던 참인데 너무 고맙다고 하신다.

그리고 우리가 누구인지 묻는다. 배달갔던 분들이 "목사입니다." 하며 그저 웃고 돌아온다. '행복은 여정이지, 목적지가 아니라는 점을 기억하라.'고 로이 M. 굿맨은 말했다. 그러는 동안 오늘의 반죽은 동이 났다. 반죽이 다른 날보다 조금 적었던 까닭이다.

22. 구두닦아 주기

구두닦이 섬김은 들어갈 재정이 별로 없다. 박홍길 목사가 모아진 재정
에서 구두 솔이며 구두약을 준비하였다. 구두 닦을 봉사 장소를 구하는 것
부터 장벽이다. 시장 상인회 사무실에 갔더니 지금은 모두가 바쁜 시간이
니 조금 후에 이야기 했으면 한다는 것이다. 우리가 하는 일이 짐이 될 수
도 있는 상황이다. 하는 수 없이 인근 경찰서로 갔다. 문을 열고 들어갔더
니 다들 누가 왔는지 관심을 보일 여력도 없이 자신의 일에 바쁘다. "저!
서장님 실이 어딘가요?" "오늘 서장님, 청에 가셨습니다. 그런데 무슨 일
이예요?" 다분히 사무적인 언어이다. '저희들은 지역교회 목사들입니다.
여러분들이 저희들을 위해 늘 고생하는데 오늘은 저희들이 여러분들의 구

두를 무료로 닦아드렸으면 해서 왔습니다.' 라고 하였다. 그러는 동안 그곳의 책임자로 보이는 분이 자리에서 일어나 우리에게로 왔다. 목사들이 경찰서 직원들을 위해 무료로 구두를 닦아 주겠다는 말에 무척이나 생소해 하는 눈치이다. 목사님 중에 한 분이 "저희는 1/30 운동을 하는 목사들입니다. 그리고 1/30 운동이란 ……" 차근차근 설명을 한다.

그러자 그들이 우리들을 청하여 의자에 앉게 하였다. 그리고 직접 차를 끓여 대접한다. 자신은 예수를 믿지 않는다고 하면서도 아주 진지한 자세로 우리를 대한다. 심지어 자신이 지금껏 경찰공무원으로 재직하면서 목사님들이 구두를 닦아주겠다고 하는 경우는 처음이라 당황스러웠지만 1/30 운동에 대해 이야기를 들으면서 감사한 마음이 생겼다고 한다. 그래서인지 대화의 톤이 바뀌고 자세가 달라졌다. 이어서 "오늘은 대부분의 의경들과 전경들이 외부 업무로 나가고 없으며 일반 경찰들은 구내에서 구두를 닦는 분이 있어서 그분에게 주로 닦는다."고 귀띔을 해준다. 그러면서 이런 저런 이야기가 계속 되었다. 그날 구두 닦는 문제로 방문하였는데 그 일과는 전혀 다른 이야기들을 하였다. 이야기를 마치고 나오는 길에 그 간부는 경찰서 입구까지 나와서 고개를 숙여 인사를 한다. 베드로전서 5:6 "그러므로 하나님의 능하신 손 아래에서 겸손하라 때가 되면 너희를 높이시리라" 하는 말씀이 떠오른다.

그나저나 일할 것이 문제이다. 곧바로 아파트 단지로 갔다. 관리사무실에 들려 갑자기 이렇게 찾아와 죄송하다는 말과 함께 경비원 아저씨들의 구두를 닦아주고 싶다고 하였다. 관리사무실에서는 별 반응이 없다. 경비 아저씨들한테 가보라는 것이다. 일단은 아파트단지 한쪽으로 둘러서서 기도를 한다.

"하나님 그동안 저희들이 목사로 살면서 너무 자고하지 않았는지 돌아보는 시간이 되기를 원합니다. 더 나아가 이 시간은 구두를 닦는 것이 아니라 자고하였던 우리의 마음을 닦는 시간이 되게 하여주옵소서. 그리고 저희들이 하는 조그만 수고를 통하여 구두뿐 아니라 그분들의 수고의 땀과 삶의 상처까지도 닦아지기를 원합니다. 무엇보다도 우리 자신을 닦아내기를 소원하면서 예수님 이름으로 기도합니다. 아멘." 중앙에 있는 경비실을 찾았다. 인사를 하고 자초지종을 이야기하였다. 경비원 아저씨들이 마지못해 구두를 벗어준다. 이기운, 심상근, 김현수, 김병진 , 노우숙 목사가 구두를 닦고 박병욱 목사와 고재성 목사를 위시한 나머지 목사들은 신발 수거와 배달에 나섰다. 구두를 닦으면서 목사들 간에 이야기가 시작된다. 이렇게 구두를 닦아 본 것이 아주 오래 되었다는 목사도 있다. 특히 군대에서 신발 닦던 이야기들이 대부분이다. 역시 목사도 남자이다. 남자들은 툭하면 군대 이야기이다. 그런데 평소 겸손하기로 정평이 나 있는 노우숙 목사는 군대 시절 사단장을 모시고 있었기 때문에 구두는 자기가 전문이라고 한다. 모두 한바탕 웃는다. 그러는 동안 우리가 구두를 닦아준다는 소문이 금세 퍼진 모양이다. 경비원 아저씨들 중에는 구두를 벗어 놓고 기다리는 분들도 있다. 아파트 단지 안에 웬 남자들이 구두를 닦고 있으니 주민들에게도 관심거리다. 지나가던 주민들이 한 번씩 쳐다본다. 그리고는 목사들이 이렇게 구두를 무료로 닦아준다는 것을 알고는 어지간히 놀라는 눈치이다. 잠언 30:12 "스스로 깨끗한 자로 여기면서 자기의 더러운 것을 씻지 않는 무리가 있느니라"하는 말씀이 생각난다. 우리의 마음을 닦는 마음으로 구두를 정성껏 닦아 드렸다. 어떤 경비원 아저씨는 "목사님들이 구두를 닦아 준다는 것은 예수님이 발 씻어 주신 것하고 같은데" 라며 신기해 한다. 오늘의 일과를 마쳐야 할 시간이다.

23. 이금선 할머니

어느 날 큰 딸이 외대 앞에서 빅 이슈를 팔고 계시는 할머니 한 분에 대하여 이야기를 꺼냈다. 너무 사정이 딱하신 분인데 지금까지는 자신이 조금씩 도와드렸지만 이제 아빠가 좀 나서서 도와주면 좋겠다는 것이다. 이금선 할머니의 아버지께서는 항일 독립군이셨다. 중국에서 독립운동은 상당수 교회를 중심으로 이루어졌다. 그 영향으로 어린 시절 아버지를 따라 어디론가 가서는 아버지가 눈감으라 하면 눈감고 눈뜨라 하면 눈뜨고 그렇게 신앙생활을 하였다. 항일 독립운동을 하셨던 아버지의 전력때문에 문화혁명시절에는 거리로 끌려 다녔다고 한다. 그래서인지 아주 오랫동안 집 앞에는 검은색 문패가 달렸다. 어린 시절 교육도 받지 못하고 자랐다. 그 아버지께서 돌아가시기 전 늘 유언처럼 하신 말이 있었다. "조선의 아들과 딸들은 다 내 아들 딸이다. 너는 조선의 딸이니 조선으로 가서 거기서 죽어라"하는 말이었다. 아버지가 돌아가시고 난 후 아버지에 대한 호적 등 몇 가지 서류를 들고 어렵게 한국으로 건너오셨다. 그런데 한국에 와서는 그 서류와 돈 70만원이 들어있는 가방을 도난 당했다. 아버지의 고향 면사무소를 찾아 아버지에 관한 서류를 찾아보았다. 그런데 담당 공무원이 불타다 남은 종이 일부를 들고 나와서는 '서류창고에 불이 났었는데 그때 아버지에 관한 서류가 불타버리고 말았으니 어떻게 해줄 수가 없다'고 하였단다. 대한민국이란 국가에서 독립군의 딸임을 입증할 방법이 없었다. 오랫동안 청량리 어느 다리 밑에서 노숙을 하며 밥퍼 공동체와 청량리 주변의 교회들에서 제공하는 식사며 옷으로 연명을 하였다. 한국에 와서 사귀게 된 언니(할머니는 한국에서 만난 여자는 자신보다 나이가 많건 적건 모두 언니라고 부른다.) 집에서 한동안 함께 살기도 하였다. 그런데 언니 집에 사정이 생겨 더 이상 함께 기거할 수 없게 되었다. 또 다시 노숙을 하지 않으려면 잠자리를 구해야 한다. 여기저기를 알아보아도 거처할 곳을 구할 수가 없다. 하는 수 없이 좀 더 나은 숙소가 준비될 때까지 우리교회에 있는 사무실에서 지내도록 해드렸다. 짐을 챙겨서 오시던 날 보니 밥솥도 없다. 내가 사드리면 그만이지만 좀 더 의미 있는 일을 생각해 보았다. 1/30

운동에서 사드리는 것이 가장 좋을 것 같았다. 목사님들과 전화로 의논을 했더니 흔쾌이 승낙해 주었다. 밥솥과 간이 조리용 가스레인지이다. 두 개를 합하여 5만 1천 원 가량이 들었다. 그 금액은 우리 중 한 사람이 하루 일하고 받아왔던 금액이다. 그런데 할머니를 도와야 하는 일이 또 있다. 눈에 백내장이 심하였다. 삶으로 주님을 따르는 부평내과 한기돈 장로께 도움을 청하였다. 주변 친구들에게 수소문하여 무료로 안과 수술을 해주기로 하였다. 부평성모안과이다. 너무 감사하여 원장을 찾았다. 그리고 이금선할머니의 딱한 사정에 대하여 직접 설명을 드렸다. 독립군의 딸이 저렇게 고생을 하고 오갈데조차 없으며 병든 몸마저 치료하기가 어려웠는데 이렇게 무

이금선 할머니

료로 원장님이 수술해 주시기로 한 것이 너무 감사하다고 하였다. 그런데 원장님이 오히려 고개를 숙인다. 그리고는 마땅히 할 일을 했다고 하신다. 세상은 참 좋은 분들이 많다. 그런데 수술을 위해서는 기본적인 검사가 되어야 한다. 물론 한기돈 장로에게 말씀드리면 해결 될 일이다. 하지만 틈만 나면 귀찮게 하고 도움을 청하는 것은 미안한 일이다. 고민 끝에 내가 평생 잊지 못할 몇 분 중 한 분인 계양 속편한내과 윤형선 집사에게 도움을 요청하였다. 두 말 할 것 없다. 아주 기쁜 마음으로 승낙하였다. 할머니께 필요한 그릇을 사는데 우리가 하루 일한 금액과 할머니의 눈을 수술하는데 의사선생님 몇 분의 도움이 있으니 모든 문제가 해결되었다. 그것들은 우리들에게 큰 것일 수도 있고 별것 아닐 수도 있다. 하지만 이렇게 힘을 합하니 도움이 절실한 한 사람을 도울 수 있어 감사하다. 할머니께서 빅 이슈를 들고 나가실 때에 굴곡진 도로를 만나도 발을 헛딛는 일은 없을 것이다.

고린도전서 10:24 "누구든지 자기의 유익을 구하지 말고 남의 유익을 구하라"

24. 뜻을 정하자
- 아세아연합신학대학교 채플설교

에스라 7:11~13

"여호와의 계명의 말씀과 이스라엘에게 주신 율례 학자요 학자 겸 제사장인 에스라에게 아닥사스다 왕이 내린 조서의 초본은 아래와 같으니라

모든 왕의 왕 아닥사스다는 하늘의 하나님의 율법에 완전한 학자 겸 제사장 에스라에게 조서를 내리노니 우리 나라에 있는 이스라엘 백성과 그들 제사장들과 레위 사람들 중에 예루살렘으로 올라갈 뜻이 있는 자는 누구든지 너와 함께 갈지어다"

도입

몇 주 전 내가 졸업한 ACTS(아세아연합신학대학교)에서 전화가 왔다. 1/30 운동본부에서 학교 채플을 인도해 달라는 것이었다. 고재성, 박병훈, 박홍길, 이기운, 최영하 목사와 함께 찾은 ACTS는 언제나처럼 아름답고 조용하다. 반면 찬양과 기도는 예배실이 떠나갈듯이 뜨겁다. 1/30 운동 전문을 영상으로 띄운다. 그리고 그 정신에 의하여 우리가 일해 왔던 지난 시간들 가운데 CGN TV에서 소개했던 내용을 같이 시청했다. 그 후 다음세대 한국교회를 이끌어 가야할 우리 스스로 섬김으로 살겠다는 「뜻을 정하고 살자」는 내용으로 설교를 하였다. 믿음 위에 섬김으로 살겠다는 뜻을 엏고 살자는 내용이다.

본론

에스라 7장에는 비참한 포로이었지만 바라 볼 것을 잘 바라보다가 하나님의 도성 예루살렘을 회복한 사람들이 있다. 그들은 뜻을 잘 세워 잃어버린 고국과 잃어버린 성전을 회복한 에스라시대의 이스라엘 사람들이다. 우리가 주목해야 할 몇 가지 이야기가 있다.

1 11절 "여호와의 계명의 말씀과 이스라엘에게 주신 율례 학자요 학자

겸 제사장인 에스라에게 아닥사스다 왕이 내린 조서의 초본은 아래와 같으니라"하는 말씀이다. 이스라엘이 포로 된 곳에서 예루살렘으로 돌아가는 놀라운 사건은 맨처음 바사왕 고레스의 칙령에 의해서 시작되었다. 하지만 본문은 2차 포로귀환으로 아닥사스다 왕 때이며 에스라의 영도로 이루어졌다. 그렇다면 그 사건을 시작하는 11절에서 왕을 크게 조명해야 할 것이다. 즉, 아닥사스다 왕을 먼저 강조하고 난 후 "여호와의 계명의 말씀과 이스라엘에게 주신 율례학자요 학자겸 제사장 에스라에게 내린 조서는 다음과 같으니"라고 해야 할 것이다. 하지만 11절에서는 에스라를 먼저 조명한다. 그래서 "여호와의 계명의 말씀과 이스라엘에게 주신 율례학자요 학자겸 제사장 에스라에게 아닥사스다 왕이 내린 조서는 다음과 같으니"라고 한다. 포로에서 돌아가도록 하는 권한을 행사한 왕보다 율례 학자이면서 제사장인 에스라를 크게 조명 한 것이다.

그에게서는 두 가지가 두드러진다. 첫째, 율례 학자이면서 제사장이다. 하나님을 신실하게 바라보는 믿음의 사람이라는 뜻이다. 그 믿음의 사람은 이스라엘이 고국으로 돌아올 때에 결정적으로 중요한 역할을 하였다.

둘째, 13절과 연결해 볼 때 에스라는 믿음 위에 뜻을 얹을 줄 아는 사람이었다. 그리고 하나님은 그를 주목하셨다. 하나님은 믿음의 사람이면서 거기에 뜻을 정할 줄 아는 사람을 주목하셨던 것이다. 그리고 그를 통해 자신이 살아계신 하나님이심을 드러내셨다. 그렇다. 하나님은 창조주 하나님이시면서 믿음 위에 뜻을 얹을 줄 아는 사람을 통해 일하시는 분이다. 그런 것을 잘 보여주는 것이 소경이면서 거지이었다가 믿음으로 눈을 뜨게 된 사람에 관한 사건이다. 그는 예수님이 메시야 이심을 믿었다. 그리고 그 예수님께 고침 받겠다는 뜻을 정하였다. 그래서 예수님을 향하여 '주 다윗의 자손이여' 라고 외쳤다. 믿음 위에 뜻을 얹어 외친 것이다. 그런 사람은 하나님의 역사를 일으킨다.

그뿐 아니다. 성경에는 꼭 본인의 문제가 아니라도 믿음 위에 뜻을 얹어 하나님의 일하심을 경험한 사람들이 있다. 중풍병자를 메고 와서 지붕을 뚫고 그 사람을 달아 내린 친구들이다. 그렇다. 에스라처럼 믿음을 가지고 뜻을 정하는 사람은 하나님의 일을 해낸다. 그래서 그 한 사람 때문에 이스라엘은 사람의 힘으로 할 수 없는 해방의 문을 열었다. 그리고 성경은 그런 에스라를 크게 조명하였다. 하나님 나라에서 어떤 위대한 일이 이루어질 때 믿음의 사람이 중요하다는 것이다. 그리고 그 위에 뜻을 얹을 줄 아는 사람이 중요하다는 것이다. 언제나 나타나는 현상은 현상 이전에 무엇이 있다. 안개가 피어오르면 그 현상 이전에 원인이 있다. 물이 뱅뱅 돌면 도는 것이 전부가 아니다. 그 내면에는 다른 원인이 있다.

본문은 이스라엘 민족이 포로에서 놓여 고국을 회복하게 되었다고 말한다. 성경은 그 회복의 원인을 믿음의 사람 때문이며 그는 뜻을 정할 줄 아는 사람이라고 말하고 있다. 그 사람으로 인한 해방은 단순한 해방의 의미를 넘어선다. 아브라함과 이삭과 야곱을 통과하면서 인류에게 주셨던 하나님의 약속이 이루어지게 되어 예수께서 바벨론 땅이 아닌 유대 땅 갈릴리로 오시는 토대를 만들었다.

2 13절 "조서를 내리노니 우리 나라에 있는 이스라엘 백성과 그들 제사장들과 레위 사람들 중에 예루살렘으로 올라갈 뜻이 있는 자는 누구든지 너와 함께 갈지어다"하는 말씀이다. 그날 예루살렘으로 가게 된 자들은 에스라 혼자가 아니었다. 에스라와 같은 뜻을 세운 자들은 모두 예루살렘으로 올라갔다. 아닥사스다왕의 그 조서 한 장으로 포로들의 꿈이 이루어지게 된 것이다. 그래서 그들이 그동안 그렇게 바라보기만 하던 예루살렘은 이제 삶의 현실이 되었다. 그것이 에스라 7장의 그 일을 허락하신 하나님께서 일하시는 방법이다. 그렇다. 고국 예루살렘으로 돌아가야 한다고 늘 뜻을 굽히지 않던 에스라였다. 그런데 하나님께서는 그와 같은 꿈을 꾸던 사람들도 예루살렘으로 가게 하셨다. 뜻이 같으면 한 방향으로 갈수 있다. 뜻이 같으면 하나가 되기 때문이다.

권총강도가 한밤중에 집안에 침입을 하여 손들라고 크게 외쳤다. 깜짝 놀란 집주인은 왼손을 조금 들었다. 강도가 더 큰 소리로 오른손도 들라고 하였지만 그는 왼손을 조금 더 올릴 뿐이다. 강도가 오른손도 들라고 한 번 더 소리를 지르자 집 주인은 '오른손은 오십견이 와서 못 올립니다.' 라고 하였다. 그 말에 강도가 살짝살짝 고개를 옆으로 두어 번 돌렸다. 연민을 느낀 듯 해 보였다. 그때 집주인이 자세히 보니 강도가 권총을 왼손으로 들고 있었다. 그 강도도 오십견 환자였던 것이다. 그날 밤 두 사람은 오십견에 대한 이야기를 밤새도록 나누고 아침에 왼손으로 악수를 하고 헤어졌다 한다. 웃자고 하는 말이다. 하지만 이 속에 교훈이 담겨있다. 뜻이 같으면 통한다는 것이다. 예수님과 뜻이 같아지시기 바란다. 그리하면 예수님과 같은 방향으로 가게 될 것이다. 예수님과 뜻이 같으면 하나님이 역사하신다. 그것이 빌립보감옥에서 바울의 모습이다. 그들이 찬송을 잘하였기 때문에 하나님이 일하신 것은 아니다. 그들의 뜻이 하나님과 같았기 때문이다. 그렇게 뜻이 같아진 자들을 위하여 하나님은 땅도 흔들고 문도 떨어뜨리고 손목에 매인 것도 벗어지게 하였다.

또한 느헤미야 7장에서는 뜻을 세우는 자들이 그렇게 기다리던 예루살렘으로 올라가게 되었다. 그것은 꿈같은 일이다. 과거에 그들이 예루살렘에서 바벨론으로 끌려올 때 그 뜨거운 땡볕을 걸어서 끌려왔었다. 그때 그들은 마지막으로 고국의 모습을 마음에 담으려고 힘없이 고개를 들고 사방을 휘둘러보았을 것이다. 끌려가는 도중 죽음의 공포가 그들을 짓눌렀을 것이다. 실제로 그 길을 이기지 못하고 죽는 자들도 속출하였다. 속수무책이었다. 고국에 다시 돌아온다는 보장도 없이 줄을 지어 포로로 끌려왔다. 그들은 비참하고 희망이 보이지 않는 상황에서도 포기하지 않고 늘 고국 예루살렘을 바라보았다. 그렇게 현실은 뒤따라 주지 않아도 고국을 바라보고 또 바라보았더니 있을 수 없는 일이 어느 날 일어났던 것이다. 그렇다. '올라갈 뜻이 있는 자는 예루살렘으로 가라.' 이것이 하나님의 일하시는 방식이다.

우리도 오늘 뜻을 정하는 날이 되어야 한다. 그런 사람들이 예루살렘으로 올라가기 때문이다. 물론 살다 보면 때로는 아무런 기대도 없고 뜻도 세우지 않았는데 어떤 좋은 일이 찾아오는 경우가 있다. 그것을 우리는 행운이라고 말한다. 그리고 그 행운이라는 것이 우리에게 종종 찾아오는 것도 사실이다. 그러나 인생을 행운에 맡기고 살면 안 된다. 집 앞에 좋은 산을 둔 사람이 단지 그렇게 좋은 산 앞에 살았다는 것만으로 그 산의 정상에 서는 것이 아니기 때문이다. 그런데도 그가 산 정상에 섰다면 행운일 것이다. 하지만 그 행운은 누군가 자기를 거기에 업고 왔던지 했기에 가능했던 일이다. 그런데 그런 일이 우리 평생에 몇 번이나 올 것인가 생각해 보시기 바란다. 때문에 분명한 것이 있다. 나도 저 산위에 올라야겠다는 뜻이 정해져야 한다. 얼마 지나지 않아서 우리는 다양한 방면에서 한국교회와 이 시대를 섬기게 될 것이다. 그렇다면 섬기는 목사, 섬기는 선교사, 섬기는 집사, 섬기는 일군이 되시기 바란다. 주님은 '내가 이 땅에 온 것은 섬기기 위해서 왔다.'고 하셨다. 그리고는 '너희도 각자의 십자가를 지고 나를 따르라' 하셨다. 때문에 우리가 이 땅에 와서 가장 잘 살다가 가는 것은 섬기다 가는 것이다. 섬김의 목회자가 되고 교회와 사회를 섬기는 지도자가 되는 것이다. 그 일을 위해 이제는 뜻을 정해야 한다. 그럴 이유가 있다. 하나님은 뜻을 정하는 자들이 그 시대를 섬기도록 하셨기 때문이다. 뜻을 정하면 된다. 본문에도 뜻을 정하는 것은 이스라엘 백성들이 하였다. 그리고 일은 하나님이 하셨다. 그렇다면 그 뜻이라는 것이 무엇인가? 거창한 것이 아니다. 이제부터는 섬기는 자로 살겠다고 내가 서 있는 자리에서부터 기도를 시작하는 것이다. 지금부터 목회자가 되고 선교사가 되고 우리가 사랑하는 이 강산에서 어른이 될 때까지 여러 해를 기도하자는 것이다. 뜻을 세운다는 것은 바라본다는 것이다. 사람은 바라보는 데로 가도록 되어 있다. 강을 보고 가면 강에 도달하고 산을 보고 달려가면 산에 오르게 된다. 그렇게 바라보는 것이 중요하다. 때문에 하나님이 아브라함에게 약속을 주실 때 바라볼 수 있는 하늘의 별을 보도록 하셨다. 오늘 우리도 이제부터 섬기며 살겠다고 뜻을 정하고 그렇게 살기 시작하면 한 세대 후에는 이 땅에 그리스도의 계절이 다시 올 것이다.

본문이 우리에게 주는 분명한 메시지가 있다. 뜻을 세워야 그 사람이 바벨론에서 고국 예루살렘도 가고 애굽에서 가나안도 가고 요단도 건넌다. 오늘 우리가 섬김의 사람이 되겠다고 뜻을 정해야 이 땅에 피 묻혀 이루게 될 그리스도의 계절이 올 것이다. 오늘 우리가 섬김의 사람이 되겠다고 뜻을 정하면 분명히 이 땅에 아주 탁월한 그리스도의 시대가 올 것이다.

다니엘은 포로였지만 탁월한 총리가 되었다. 다니엘이 그렇게 위대해진 비밀에 대하여 성경은 '그는 뜻을 정할 줄 아는 사람' 이라고 말하고 있다. 그는 뜻을 정한 사람이었다. 먹는 것도 뜻을 정하여 구별한다. 기도하는 것도 뜻을 정할 줄 아는 사람이었다.

다니엘처럼 뜻을 정하여 위대해진 사람이 또 있다. 모세이다. 그는 히브리 사람이면서 애굽공주에게 입양되어 왕자가 되었다. 왕자로 산다는 것은 즐거운 일이다. 애굽인들도 왕자인 자신에게 고개를 숙였다. 그만하면 살 만하였다. 그러나 그는 자신의 민족인 히브리인들과 함께 하기로 뜻을 정했다. 그 뜻을 정하기 위해 그는 어머니처럼 자신을 길러준 애굽의 공주에게 등을 돌려야했다. 아버지 같은 애굽 왕에게 등을 돌려야했다. 그 일은 너무 힘든 일이었다. 그러나 그는 하나님이 무엇을 원하는지 알기 때문에 뜻을 정하였다. 하나님의 사명을 따르기로 뜻을 정하였다. 그 뜻을 정하는 곳에 이스라엘 온 민족의 희망과 해방이 있었다.

여호수아와 갈렙도 뜻을 정한 사람이다. 가나안을 정탐한 동지 10명이 인간적인 시각으로 정탐보고를 하였다. 그러나 그것은 하나님의 뜻에 어긋나는 보고이다. 여호수아와 갈렙은 하나님의 마음이 무엇인지 알기 때문에 갈등이 생겼다. 그 순간 두 사람은 뜻을 정하였다. 한동안 동지들이 서운하게 생각할지 몰라도 하나님의 뜻을 받들기로 결정한 것이다. 그 결과 하나님은 뜻을 정할 줄 아는 사람을 통해 일하셨다.

느헤미야 역시 뜻을 정한 사람이다. 고국이 망하고 고국의 성은 무너지고 성문은 불타 버리고 어떻게 해보려는 자들이 하나도 없이 모두 포기하고 사적인 일에 열중일 때 그는 뜻을 정하고 일어나 결국 성을 쌓은 사람이 되었다. 이처럼 뜻을 정하는 것은 위대하고 중요하다. 뜻을 정하여 가고 싶은 곳으로 가고, 뜻을 정하여 이루고 싶은 것을 이루고, 뜻을 정하여 위대한 일에 참여하는 것은 아브라함과 다윗과 모세와 에스라의 시대에만 통용되는 것은 아니다. 오늘도 하나님은 그 원칙을 주셨다. 그래서 우리도 섬기는 자가 되기 위해서는 먼저 뜻의 정함이 있어야 한다. 오늘 뜻을 정하되 탕자와 같은 뜻이 아니라 모세처럼 에스라처럼 다니엘처럼 하나님과 하나가 되는 뜻을 정하며 이제부터 각자가 자신이 서 있는 그곳에서 섬김의 사람이 되기를 위해 간절하게 피 끓는 기도를 먼저 시작하시기 바란다. 물론 뜻을 정한다고 단번에 고국을 회복하고 요단을 건너는 것은 아니다. 한번 뜻을 정한다고 단번에 내 인생의 방향이 그렇게 달라지는 것은 아니다. 하지만 4년씩 3년씩 그 문제를 놓고 울면서 기도하면 인생의 방향이 그렇게 돌려진다.

나는 청소년기에 세상에서 함부로 살았다. 그리고 23살 때 하나님께 돌아와 바로 살기를 소원하였다. 하지만 한 번의 소원으로 내 인생의 방향이 그리로 향하는 것이 아니었다. 나는 교회 모든 예배에 참석하며 통곡으로 울면서 회개하고 기도하였다. '잘못 살았습니다. 하나님이 주신 인생인데 그 소중한 내 인생 젊은 날들의 한 토막을 허비하였나이다.' 그렇게 교회에서 예배 때마다 4년을 통곡으로 울며 기도하였다. 때로는 밤 12시가 되면 가마니 한 장 들고 철산리 공동묘지에 올라 '주님 나는 죄인입니다. 나를 깨뜨리시고 새롭게 세워주옵소서. 이대로라면 사는 것이 사는 것이 아닙니다. 내가 죽고 예수가 살기를 소원합니다.' 그렇게 여러 해를 기도하고 나서야 인생의 방향이 조금씩 돌아왔다. 그런데 오랜 시간이 지나면서 자꾸만 내가 살아난다.

오늘 우리도 이제 여기서부터 섬기는 목회로 인생 방향을 정하는 시간이 되자. 지금은 이 땅의 교회들이 위기라고 한다. 실력 있는 목회자가 없어서가 아니다. 많은 성도들이 예수님처럼 살지 않기 때문이다. 다른 사람이 아니다. 여기 있는 나로부터 섬기는 그 길을 가지 않았기 때문이다. 이 제 진정한 하나님의 나라를 회복해야 한다. 윈스턴 처칠은 '연은 순풍이 아니라 역풍일 때 가장 높이 난다.'고 하였다. 순풍일 때 좀 날아오르더니 역풍일 때 역풍인줄도 모르고 있다가 끈이 떨어지면 안 된다. 아하드 하암 은 '능력이 부족할수록 자만심이 더 강하다.'고 하였다. 우리가 그래서는 안 된다. 우리 믿음의 선배들은 우리에게 오늘의 이 기독교를 물려주기 위해 피눈물을 흘렸다. 손양원 목사님은 피를 흘려 죽으시면서 오늘 이 기독교를 우리에게 맡기셨다. 한경직 목사님은 자신을 버리는 삶을 사시면서 우리에게 지금의 한국 기독교를 물려주셨다.

신학교 교수님들 가운데는 좋은 신학을 전수하기 위해 대쪽처럼 살아오신 분들이 많다. 그렇게 한국 기독교는 우리에게 물려 내려 온 것이다. 그렇다면 이 소중한 기독교가 우리 다음 세대에 '의미 없음'이 되지 않도록 해야 한다. 우리는 그럴 책임이 있다. 한 세대가 흐르고 열세대가 흐른 뒤에도 그분들이 수고하고 눈물 흘린 것이 의미 없음으로 종결되지 않도록 해야 한다. 그 비밀은 하나이다. 우리가 이제 섬기는 자들이 되는 것이다. 빅터 위고는 '적의 침략은 저항 할 수 있지만, 자기 시대에 찾아온 시대적 사상은 저항 할 수 없다.'고 하였다. 그렇다면 가장 좋은 방법은 나를 바꾸는 것이다. 그래서 섬기는 목사, 섬기는 선교사, 섬기는 성도가 되자는 것이다. 시작이 반이다. 오늘 뜻을 정하자.

설교 후

설교를 마치고 이제부터 섬기는 목회자 섬기는 선교사 섬기는 성도가 되기 위하여 내가 서있는 곳에서부터 기도를 시작하자고 하였다. 결심하는 자들은 일어서서 함께 기도하자고 제안하였다. 대부분의 학생들이 일어섰다. 다시 합심하여 기도하는데 모두가 간절하다. 기도 후 오늘 자신이 서 있는 곳에서부터 섬김의 길을 실제로 가겠다고 서명을 하고 결심을 한 학생들이 38명이다. 채플 후 며칠이 지났다. 주말이 되자 ACTS에 다니는 셋째가 한 주간 학교기숙사 생활을 마치고 돌아왔다. 그리고는 동기 언니 한 사람이 아빠한테 꼭 전해 달라고 하였다며 말을 전한다. 지난번 채플에서 너무나 큰 도전을 받았으며 인생에서 큰 계기로 삼으려고 결심을 하였다는 이야기였다. 참 감사한 일이다. 차세대 이 민족의 영적지도자들이 되어야 할 젊은이들의 가슴에 섬김의 불을 지를 수 있다면 그 보다 더 중요한 일은 없을 것이다. 그러한 한 사람이 후에 이 민족을 위해 어떻게 쓰임 받을 지 아무도 모르기 때문이다.

25. 이후의 방향과 기도제목

  우리는 삶이 다할 때까지 우리 몇몇이지만 1/30 운동을 묵묵히 그리고 조용히 해나가기 원한다. 하지만 최근 들어 그 정신만이라도 한국교회와 함께 나누면 좋겠다는 의견이 나왔고 모두 동의하였다. 그래서 이렇게 보잘 것 없는 일들이지만 책으로 나오게 되었다. 그리고 이번 겨울인 2014년 2월 18일 오전 11시부터 오후 5시까지 1/30 운동이 주선하고 목회자와 신학생들이 함께하는 「자성과 섬김을 위한 전국 목회자기도회」를 기독교 100주년기념관에서 열려고 한다. 그때 사랑하는 한국교회를 향하여 자성과 섬김을 위한 설교와 제안을 해주셨으면 하는 분들이 있다. 그분들이 흔쾌히 승낙해 주시길 위해 기도하고 있다. 한편 노동과 호떡 섬김은 후원이

나 교회 재정 없이 순수하게 우리들의 노동만으로 하는 것이 우리의 기본 정신이다. 그래서 언제인가 운동이 방송에 소개된 후 어느 분이 PD를 통하여 후원을 하고 싶다고 전화를 해 왔었다. 하지만 마음만 감사히 받기로 하였다. 앞으로 재정에 관하여는 우리가 스스로 각출하여 모은 회비가 아닌 모든 재정은 할 수 있으면 다음 해로 이월하지 않고 당해에 모두 소진하기 원한다. 대체적으로 처음에는 선한 목적을 가지고 출발했던 모임이나 단체들이 중간에 문제가 생기는 경우가 있는데 그 원인은 돈을 모아 두기 때문이라고 생각한다. 아무쪼록 부족하고 형편 없으며 당연히 해야 할 일들을 하면서 마치 큰 일이라도 하는 것처럼 나발을 불어대는 것은 아닌가 싶어 한편으로 또 하나님께 죄송스럽다. 하지만 하나님이 기뻐하시는 길로 우리 모두 한걸음이라도 더 나가는 길에 디딤돌이 될 수 있다면, 그 많은 디딤돌들 가운데 하나라도 될 수 있다면 행복하겠다.

편집 후기

인생이 무엇인지 돌아본다.

지난 해 대선이 한창일 때이다. 뉴스를 들으면서 충격을 받았다. 귀를 의심하였다. 18대 박근혜 대통령후보의 이춘상 보좌관이 사고로 세상을 떠났다는 것이다. 그저 멍할 뿐이다. 한 동안 아무런 생각이 없다. 그가 대학청년시절 장위동 영천교회에서 나는 교육전도사로 4년을 섬겼다. 교회가 크지 않은 까닭에 참 열심이었던 자매들은 많았지만 남자 청년은 목사님의 아들 안창운과 이춘상이 대부분의 교회 일을 도맡아 했었다. 특히 한 사람이 몇 가지 사역을 해야 하는 상황에서 그는 청년회장이면서 주일학교 교사 어린이성가대 지휘 등의 일들을 도맡아 주었다. 그러니 주일학교와 청년부 담당전도사이던 나에게는 더욱 각별한 제자이면서 동역자이다. 더구나 나는 그 교회에서 결혼을 하였다. '축 결혼', 신랑 : 최영섭, 신부 : 안인숙 이라는 글씨를 강단 앞에 써서 붙이는 일로부터 시작하여 결혼식 준비며 식당 손님 맞으며 대부분의 일들을 안창운 형제와 그가 해 주었다. 세월이 흘러도 그는 내 마음에 늘 두고 있는 동생이며 제자이다. 하지만 그는 떠났다. 가슴이 먹먹하다. 늘 같은 산천인데 산천마저 달리 보인다. 그와 함께 자랐던 교회 친구들과 연락이 되어 모두 장례식장을 찾았다. 오래전 교회에서 신앙생활을 함께했던 그 가족들의 모습을 보니 애잔할 따름이다. 성탄절이 되었다. 오전 예배를 마쳤다. 목사가 된 안창운 형제는 성탄절 날 바쁠 것 같아 그와 절친한 친구 한윤순 집사에게 같이 가자고 연락을 하였다. "지금은 꼭 그럴만한 사정이 있으니 목사님 먼저 다녀오시면 좋겠다."고 한다. 이춘상 형제가 있는 하늘공원을 찾았다. 아무도 없다. 그의 사진 앞에 서 있는 나 뿐이다. 고개 숙여 기도한다. 그의 어머니와 아내 아들 형님 여동생을 위해 특히 그가 섬겼던 분들을 위해 기도할 것이다. '이춘상 형제! 형제에게 가르쳤던 가르침대로 나도 살아보려고 노력할게. 하나님께나 형제에게 부끄럽지 않게 살아 볼게. 천국에서 만나자. 눈물이 흐른다. '이춘상 형제를 그리워하며' 라고 새긴 리본 꽃 한 묶음을 영전에 바치고 돌아서는데 뜨거운 눈물이 자꾸만 흐른다. 주어진 목회를 위하여 그리고 1/30

운동을 위해 간혹 비틀거리는 발걸음이 있을지라도 남은 삶을 목사인 목사로 바로 걸어갈 수 있기 위하여 기도한다.

회원 후기

노동, 은총의 시간(회복의 전원교회 이기운목사)

언젠가 최목사님으로부터 '발에 신을 벗는 마음'으로 목회자의 자세를 새롭게 하자는 1/30 운동에 대한 설명을 들었다. 그 귀한 일에 초대해 준 것에 감사하면서 바로 동참하게 되었다. 나는 작은 교회를 섬기면서도 너무나도 안일하게 살았다. 작은 교회에서 과분한 대접을 받으며 편안히 지내는 동안 흔히 말하는 매너리즘에 빠지고 치열한 자기반성과 헌신은 희미한 그림자처럼 되어졌다. 가난한 성도들이 정말로 고생스럽게 일하여 번 돈을 헌금하여 목사의 생활을 책임져주는 것으로 살면서도, 피땀 흘려 목회하지 못하는 자신이 안타까우면서 늘 마음 한구석에서는 도둑질하며 사는 기분이 있었다.

　한 달에 하루라도 선한 뜻을 가지고 노동하는 것은 자신을 돌아보는 시간이다. 궂은 일, 힘든 일을 할 때 몸을 사리면 안 된다. 흙구덩이에서 쓰레기 더미에서, 옷이든 몸이든 더럽혀지는 것을 걱정해도 안 되고 심지어 조금 다치거나 피부에 허물이 벗겨지는 것조차 두려워하지 말아야 한다.

　육체적 노동에 참여함은 선한 뜻을 위하여 내 몸을 온전히 던지는 훈련이다. 실천적 영성의 현장이다. 말없이 내가 감당해야 할 일을 홀로 해야 하는 고독과 침묵의 훈련이요, 고용주의 지시에 따라 일하며 종의 훈련을 하는 시간이요, 성육신하신 예수님을 더욱 깊이 생각하는 시간이요, 사랑의 의미를 되새기는 시간이다. 노동할 수 있는 것은 은총의 시간을 얻은 것이다.

　1/30 운동에 참여하면서 더 온전한 목회자가 되기를 기대한다. 남을 위한 극히 적은 노동이 또 하나의 위선적 제스처가 아니라, 이를 통해 몸 전체와 뼛속깊이 주님의 참된 종의 자세가 새겨지기를 바란다.

"하나님 제가 할께요, 느낌 아니까 ~ !"(대곶중앙교회 고재성목사)

"이거 제가 할께요, 느낌 아니까 ~!"

모 방송사의 개그프로그램의 유행어이다.

교회 중심의 목회자로서 성실한 파수꾼이 되기 위해 주신 소명을 감당하고 있었는데 어느 날 가슴에 심한 통증이 찾아왔다. 병원을 찾았더니 '협심증'이라는 진단이 나왔다.

시술을 시도했는데 개복해야 할 위험성이 있어 시술을 포기하고 약을 복용하며 지켜보기로 했다. 그런데 약을 복용하면서 몸도 마음도 소심해지는 내 모습을 볼 수 있었다.

그래서 생각했다.

'하나님 앞에 성도로, 성도 앞에 목회자로!'

하나님 기뻐하시는 일이라면 무엇이든 하자, 생명의 주인은 하나님이시다.

그 중의 하나가 1/30 운동에 동참하는 일이었다.

'할 수 있을까?' 하는 염려가 앞섰지만 여러 목사님들의 격려를 받으며 동참하게 되었다.

때론 힘들고, 때론 버거운 노동을 하고 얻은 수입으로 누군가를 섬길 수 있다는 뿌듯함과 기쁨도 있었지만 그보다 나 자신이 그 일을 할 수 있는 것에 감사를 드린다. 그리고 섬김을 받는 그들을 통해 이루어질 하나님의 영광을 보며 감사를 드린다.

앞으로 얼마나 이 일에 동참할 수 있을지는 모른다.

하지만 언제든지 하나님이 기뻐하시는 일이라면 난 항상 이렇게 대답하기를 기도한다.

1/30 운동 참여 후기(하늘꿈선두교회 김병진목사)

누구나 할 수는 있지만 아무나 할 수 있는 일은 아닌 것이 1/30 운동이라고 생각됩니다. 1/30 운동을 위해 열정을 가지고 달려가시는 최목사님과 잠시 함께 있다가 감염이 되어서 이 운동에 동참하고 있지만, 그 마음과 열정에 있어서는 언제나 부족할 따름입니다. 그럼에도 1/30 운동을 통해 마음에 느꼈던 것들을 짧게나마 써보라고 부탁을 받고 보니 죄송한 마음뿐입니다. 기회가 주어졌을 때, 더 열심히 수고할 걸 하는 후회가 가득합니다.

예수님의 교훈처럼 '아픈 자들과 함께 아파하고, 우는 자들과 함께 울고자' 하는 심정으로 섬기고자 하는 그것이 참 좋습니다. 생각으로는, 말로는 동의하면서도 행동으로는 언제나 부족한 것이 저의 모습이었기에 말입니다. 사실 말이 많으면 실수가 많다고 했는데, 말 많은 나의 삶을 행동으로도 보여줄 수 있는 시간이 있다는 것이 감사하고, 그 소중한 시간에 보람을 느낍니다.

산골 옹달샘에 물이 솟아올라 고이면, 그 물을 발견한 산 속 동물들이 목을 축이며 살아가듯 광야와 같은 세상 속에서 빌딩과 포장도로에 감춰져 있던 새로운 맛나는 샘물을 발견한 사람들이 와서 잠시 목을 축이고, 자신을 돌아보며, 잠시나마 행복한 꿈을 꿀 수만 있다면 이미 우리의 1/30 운동은 큰 일을 이룬 것이라고 믿으며 오늘도 행복한 마음으로 생각에 잠겨봅니다.

목회의 기초정신이 되는 1/30 운동(회복의 교회 박병욱 목사)

제가 1/30 운동에 참여하게 된 것은 우연한 기회였지만, 하나님의 인도하심이 확실하다는 것은 충분하였습니다.

멋모르고 개척해서 2년간을 정신없이 보내고 있을 때, 한 목사님의 소개로 1/30 운동을 접했습니다. 처음에는 '목회도 잘 못하면서 왜 이런 것까지 하는가?' 라는 주위 사람들의 시각도 있었지만, 제가 가고자 하는 목회 방향인 '섬김의 리더십' 이라는 부분과 일맥상통하는 것 같아서 적극 참여하게 되었습니다.